暨南大学研究生教材

管理运筹学 II

OPERATIONS RESEARCH FOR MANAGEMENT II

左小德 薛声家 主编

暨南大学出版社
JINAN UNIVERSITY PRESS
中国·广州

图书在版编目（CIP）数据

管理运筹学 II /左小德，薛声家主编 . —广州：暨南大学出版社，2010.1
（暨南大学研究生教材）
ISBN 978 - 7 - 81135 - 399 - 0

Ⅰ．管… Ⅱ．①左… ②薛… Ⅲ．管理学—运筹学—研究生—教材
Ⅳ．C931.1

中国版本图书馆 CIP 数据核字（2009）第 191628 号

出版发行：暨南大学出版社

地　　址：中国广州暨南大学
电　　话：总编室（8620）85221601
　　　　　营销部（8620）85225284　85228291　85220693（邮购）
传　　真：（8620）85221583（办公室）85223774（营销部）
邮　　编：510630
网　　址：http：//www. jnupress. com　http：//press. jnu. edu. cn

排　　版：广州市天河星辰文化发展部照排中心
印　　刷：广州桐鑫印刷有限公司

开　　本：787mm×960mm　1/16
印　　张：12.25
字　　数：220 千
版　　次：2010 年 1 月第 1 版
印　　次：2010 年 1 月第 1 次
印　　数：1—2000 册

定　　价：22.00 元

总　序

　　百年沧桑，弦歌不辍；巍巍暨南，展焕新颜。暨南大学自1906年创办以来，始终秉承"宏教泽而系侨情"的办学宗旨，注重以中华民族优秀的传统道德文化培养造就人才。学校积极贯彻"面向海外，面向港澳台"的办学方针，建校至今，共培养了来自世界五大洲127个国家和地区的各类人才20余万人，堪称桃李满天下。

　　暨南大学的研究生教育始于1978年，是改革开放后全国首批研究生招生培养单位。1984年，学校率先招收海外及港澳台研究生，是全国当时唯一的试点单位。1987年开始，创建了与境外知名大学合作培养研究生的教育模式，目前已与中国香港、美国、加拿大、德国、英国等地区和国家的众多知名大学联合培养研究生；1989年开创内地高校招收境外"兼读制"研究生及境外研究生面授点的先河。经过30多年的建设与发展，暨南大学已经成为推动港澳台合作办学及国际办学的探索者和实践者，联结内地与港澳台同胞、海外侨胞的桥梁和纽带，被誉为"中国境外研究生教育的试验田和窗口"。

　　目前，学校已拥有博士学位授权一级学科6个，博士学位授权二级学科39个，硕士学位授权一级学科18个，硕士学位授权二级学科135个，6种硕士专业学位及临床医学博士专业学位；学位授权点覆盖了哲学、经济学、法学、教育学、文学、历史学、理学、工学、医学和管理学10个学科门类；设有博士后科研流动站 9 个，博士后工作站 1 个。学校师资力量雄厚，有专任教师 1 677 人，其中中国科学院院士 1 人，中国工程院院士 4 人，博士生导师 297 人，教授 390 人，副教授 590 人。

　　教材建设是课程体系和教学内容改革的核心，是进一步加强研究生教学工作，深化教学改革，提高研究生教育教学质量的重要措施。为此，学校启动了"暨南大学研究生教材建设"项目，将系统出版一批具有学科特色和水平的研究生教材。在研究生部的精心组织下，通过专家组评审，分批立项，每批二三十种，覆盖了公共学位课、专业学位课和专业选修课等课程。这些教材符合研究生教育改革发展趋势，反映了学科建设的新理论、新技术、新方法，在国内同类教材中较为先进。我们以期通过几年的努力，打造出一系列特色鲜明的研究生精品教材。

暨南大学副校长　纪宗安
2009 年 7 月

前　言

为了加强和改进研究生培养工作，改革教学内容和教学方法，充实高层次人才培养的基本条件和手段，促进暨南大学研究生教育整体水平的提高，学校决定支持一批研究生公共学位课程、专业课程、专业选修课程的教材的出版。本书获暨南大学研究生教材建设项目资助。

《管理运筹学Ⅱ》是在《管理运筹学》的基础上，面向企业管理和管理科学与工程的研究生、博士生开设的一门必修/选修课程的教材。学生在学过确定性运筹学、线性规划和单一目标规划的基础上，进一步学习非线性规划、多目标规划、博弈论和马尔可夫过程。同时，对于复杂的问题，学习仿真的基本原理和方法，掌握一定的仿真技术和工具。

全书分为6章，第1章由薛声家编写，第2章、第5章由左小德和梁云编写，第3章由郑江波编写，第4章由易余胤编写，第6章由徐咏梅编写。

编者

2009 年 10 月

目　录

1 非线性规划

本章要求

□ 掌握非线性规划的数学模型及建模步骤，熟悉一些常用的模型
□ 掌握一些有关解的概念和各种最优性条件
□ 了解凸性与广义凸性及其在非线性规划中的应用
□ 会使用专业软件求解非线性规划
□ 了解非线性规划求解方法的概况

我们知道，经济管理领域中有很多实际问题可以表示（或近似表示）为线性规划模型求解，线性规划模型中的目标函数和约束条件都是决策变量的线性函数。但在实际中也存在大量问题，其优化模型的目标函数或（和）约束条件不能用线性函数来表达。目标函数或约束条件中包含有非线性函数的规划问题称为非线性规划问题。

一般来说，求解非线性规划要比求解线性规划困难得多，也不像线性规划那样有适用于一般情况的单纯形法或内点法。非线性规划到目前为止还没有适用于各种问题的一般方法，现有的各种方法都有自己特定的适用范围。因此，这是一个仍需要进一步深入研究的领域。

1.1 基本概念与最优性条件

1.1.1 非线性规划的数学模型

下面通过一些简单的例子来介绍非线性规划的数学模型。非线性规划的建模思路与线性规划完全类似。

例 1 构件表面积问题

要设计一个如图 1-1 所示的半球形和圆柱形相连接的构件，要求在构件体积为定值 V 的条件下，确定构件的尺寸，使其表面积最小。

解：构件大小取决于其圆柱体的底半径和高。设该圆柱体的底半径为 x_1，高为 x_2，由于构件的表面由半球顶面、侧面和底面组成，因此其表面积为：

$$S = 2\pi x_1^2 + 2\pi x_1 x_2 + \pi x_1^2$$
$$= 3\pi x_1^2 + 2\pi x_1 x_2$$

构件的体积为半球体和圆柱体的体积之和，因此有条件：

图1-1

$$\frac{2}{3}\pi x_1^3 + \pi x_1^2 x_2 = V$$

最后可得到如下数学模型：

$$\min S = 3\pi x_1^2 + 2\pi x_1 x_2 \tag{1.1}$$

$$\text{s. t.} \quad \frac{2}{3}\pi x_1^3 + \pi x_1^2 x_2 = V \tag{1.2}$$

$$x_1, \ x_2 \geqslant 0 \tag{1.3}$$

上述模型可以使用微积分学中的方法进行处理，例如，由等式约束（1.2）可解出 $x_2 = \dfrac{V}{\pi x_1^2} - \dfrac{2}{3}x_1$，代入（1.1）得到 $S = \pi\left(\dfrac{5}{3}x_1^2 + \dfrac{2V}{\pi x_1}\right)$。令 $\dfrac{\mathrm{d}S}{\mathrm{d}x_1} = 0$，可求出 $x_1^* = \sqrt[3]{\dfrac{3V}{5\pi}}$（注意到 $\dfrac{\mathrm{d}^2 S}{\mathrm{d}x_1^2}(x_1^*) > 0$），继而求出 x_2^* 和 S^* 的值。

注：例1也可以用多元微分学中的拉格朗日乘数法求解。

由于无约束或只带有等式约束的极值问题的研究可以回溯到几个世纪以前，所以称此类问题为经典优化问题，而称带有不等式约束的极值问题为近代优化问题。

例2 生产计划问题

某工厂生产三种产品（假定所有产品都可以完全销售），单位生产成本分别为5元、12元、9元。设 x_j（$j = 1, 2, 3$）为产品 j 的月需求量（单位：千件），P_j 为产品 j 的单位售价（元），则需求关系式为：$x_1 = 18 - P_1$，$x_2 = 9 + P_1/3 - P_2$，$x_3 = 13 - P_3$。表1-1列出有关资源需求。试求使得生产利润最大的生产方案。

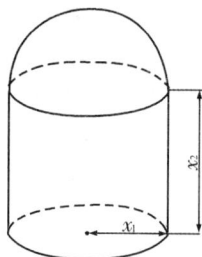

表 1-1　生产过程的资源需求（小时）

	产品 1	产品 2	产品 3	每月可用量
机器时间	0.3	0.35	0.6	1 800
劳工时间	0.5	0.8	0.4	2 950

解：设 x_j 表示产品 j 的产量（$j = 1, 2, 3$），Z 表示生产利润，则 $Z = (P_1 - 5)x_1 + (P_2 - 12)x_2 + (P_3 - 9)x_3$（单位：千元）。使用需求关系式和表 1-1 可得如下数学模型：

$$\max Z = 13x_1 + 3x_2 + 4x_3 - x_1^2 - \frac{1}{3}x_1 x_2 - x_2^2 - x_3^2$$

$$\text{s. t.} \quad 300x_1 + 350x_2 + 600x_3 \leqslant 1\,800$$

$$500x_1 + 800x_2 + 400x_3 \leqslant 2\,950$$

$$x_1, x_2, x_3 \geqslant 0$$

为了方便求解后的分析，我们不把模型化简。使用软件求解可得最优解为 $x_1 = 5.6$，$x_2 = 0$，$x_3 = 0.2$，目标函数最优值为 $Z = 42.2$。这说明该厂的最优生产计划是：生产 5 600 件产品 1 和 200 件产品 3，不生产产品 2，可获得最大利润 42 200 元。

例 3　生产成本问题

设要在产量 Q 不低于某水平 Q_0 的条件下，极小化生产成本。

解：为了简化起见，设所考虑的决策变量为资本和劳力的投入量，分别记为 K 和 L，则由经济学中著名的 Cobb-Douglos 生产函数，有：

$$Q = AK^\alpha L^\beta$$

其中，Q 为产出量，A 为生产技术水平，α 和 β 为参数。今设已知资本报酬率为 r，工资率为 w，则生产成本为 $C = rK + wL$。因此，本问题的数学模型为：

$$\min C = rK + wL$$

$$\text{s. t.} \quad AK^\alpha L^\beta \geqslant Q_0$$

$$K, L \geqslant 0$$

例 4　投资决策问题

某公司拟在 10 个可能的项目中选择不多于 7 个项目投资。各个项目所需

投资分别为 $a_j = 30, 70, 65, 40, 80, 35, 50, 45, 25, 75$（万元），并预计可获得收益 $b_j = 5, 12, 10, 8, 13, 6, 8, 7, 4, 13$（万元）。公司要求总投资额不超过 240（万元）。另外，由于某种原因，规定：项目 1，2，3，4，5 至多选四个；项目 6，7，8，9 至少选三个。求最佳投资方案。

解：引入 0 – 1 变量作为投资决策变量

$$x_j = \begin{cases} 1 & \text{若决定投资第} j \text{个项目} \\ 0 & \text{若决定不投资第} j \text{个项目} \end{cases} (j = 1, 2, \cdots, 10)$$

则投资总额为：

$$\sum_{j=1}^{10} a_j x_j = 30x_1 + 70x_2 + \cdots + 75x_{10}$$

投资总收益为：

$$\sum_{j=1}^{10} b_j x_j = 5x_1 + 12x_2 + \cdots + 13x_{10}$$

最佳投资方案应是投资收益率（单位投资所得到的收益）最大的方案。不难看出，本例的数学模型为：

$$\max R = \frac{\sum_{j=1}^{10} b_j x_j}{\sum_{j=1}^{10} a_j x_j}$$

$$\text{s. t. } \sum_{j=1}^{10} a_j x_j \leqslant 240$$

$$\sum_{j=1}^{10} x_j \leqslant 7$$

$$\sum_{j=1}^{5} x_j \leqslant 4$$

$$\sum_{j=6}^{9} x_j \geqslant 3$$

$$x_j = 0 \text{ 或 } 1, j = 1, 2, \cdots, 10$$

使用软件求解，可得最优解：$x_1 = 0$，$x_2 = 0$，$x_3 = 0$，$x_4 = 1$，$x_5 = 0$，$x_6 = 1$，$x_7 = 1$，$x_8 = 0$，$x_9 = 1$，$x_{10} = 1$；目标函数最优值 $R = 0.1733$。因此，最佳投资方案为对项目 4，6，7，9，10 进行投资，相应的投资收益率为 17.33%。

例5 非线性曲线的拟合问题

某物理量 y 是时间 t 的函数，具有形式 $y(t) = a + be^{-ct}$，其中 a、b 和 c

待定，$c \geqslant 0$。已知 $y(0) = 1$，并已测得在时刻 t_i，y 的近似值为 y_i（见表 1-2）。

表 1-2 物理量 y 和时间 t 的数值

t_i	1	2	3	4	5	6	7	8	9	10
y_i	0.875	0.795	0.720	0.706	0.677	0.674	0.670	0.653	0.648	0.641

请用最小二乘法求出参数 a、b、c 的最佳值。

解：由 $y(0) = 1$ 可得 $a + b = 1$，因此有模型：

$$\min F(a, b, c) = \sum_{i=1}^{10} (a + be^{-ct_i} - y_i)^2$$
$$\text{s. t.} \quad a + b = 1, \quad c \geqslant 0$$

上机求解可得 $a = 0.644$，$b = 0.356$，$c = 0.449$，$\min F = 0.000\,556$。

例6 股票的投资组合问题

一个投资者拟选择 A、B、C 三种业绩好的股票来进行组合投资，通过对这三种股票的市场分析和统计预测，得到相关数据如表 1-3 所示。

表 1-3 股票的相关数据表

股票名称	五年期望收益率（%）	五年的协方差（%²）		
		A	B	C
A	92	180	36	110
B	64	36	120	-30
C	41	110	-30	140

投资者有一笔资金打算投资这三种股票，希望年收益率不少于 65%，试给出风险最小的投资方案。

解：设 x_1，x_2，x_3 分别表示 A，B，C 三种股票的投资份额，则有 $0 \leqslant x_j \leqslant 1$，且 $\sum_{j=1}^{3} x_j = 1$。投资的年收益率为 $R = \sum_{j=1}^{3} x_j R_j$，其中 R_j 是第 j 种股票的年收益率，它是随机变量，用每种股票 5 年的平均收益率 $\bar{R}_j$ 代替 R_j 的期望值 $\mathrm{E}(R_j)$，则 R 的期望值为 $\mathrm{E}(R) = \sum_{j=1}^{3} x_j \bar{R}_j$，投资者希望 $\sum_{j=1}^{3} x_j \bar{R}_j \geqslant 0.65$。

用什么来衡量投资的风险呢？美国学者 Markowitz 建议用收益率的方差或标准差来衡量，即方差越大则风险越大，反之则风险越小。他所提出的投资组合选择模型及其所蕴涵的风险分散思想是现代投资理论的基础。

由概率统计的知识可得 R 的方差为：

$$Var\ (R)\ = Var\ (\sum_{j=1}^{3} x_j R_j)$$
$$= \sum_{i=1}^{3} \sum_{j=1}^{3} x_i x_j\ cov\ (R_i,\ R_j)$$

式中，$cov\ (R_i,\ R_j)$ 是随机变量 R_i 和 R_j 之间的协方差，当 $i = j$ 时，协方差即方差。于是有如下模型：

$$\min Z = 180x_1^2 + 120x_2^2 + 140x_3^2 + 72x_1 x_2 + 220x_1 x_3 - 60x_2 x_3$$
$$\text{s. t.}\quad 0.92x_1 + 0.64x_2 + 0.41x_3 \geq 0.65$$
$$x_1 + x_2 + x_3 = 1$$
$$x_1,\ x_2,\ x_3 \geq 0$$

上机用软件求解得 $x_1 = 0.235\ 071\ 3$，$x_2 = 0.522\ 233\ 2$，$x_3 = 0.242\ 695\ 5$，$z = 64.705\ 405\ 1$。即三种股票的投资组合比例分别为 23.51%、52.22%、24.27%，最小方差为 64.705 405 1（%^{2}）（标准差为 8.044%）。

由上面的例子可以看出，非线性规划问题的数学模型也是由决策变量、目标函数和约束条件三要素组成的，只不过模型的目标或约束函数含有决策变量的非线性表达式。它的一般形式常写为：

$$\min f\ (X) \tag{1.4}$$
$$\text{（NLP）}\quad \text{s. t.}\quad g_i\ (X) \leq 0,\ i = 1,\ 2,\ \cdots,\ m \tag{1.5}$$
$$h_j\ (X) = 0,\ j = 1,\ 2,\ \cdots,\ p \tag{1.6}$$

其中，$X = (x_1,\ x_2,\ \cdots,\ x_n)^T$ 为决策变量组成的 n 维向量，即 $X \in E^n$。

由于求 $\max f\ (X)$ 等价于求 $\min [-f\ (X)]$，因此仅考虑极小化问题无损于一般性。对于约束条件为"$\geq$"不等式的情形，可通过两端乘以"-1"化为"$\leq$"的形式。

记集合 $S = \{X \in E^n \mid g_i\ (X) \leq 0,\ i = 1,\ 2,\ \cdots,\ m;\ h_j\ (X) = 0,\ j = 1,\ 2,\ \cdots,\ p\}$，则（NLP）可表示为 $\min_{X \in S} f\ (X)$，其中 S 称为约束集或可行域。当 $S = E^n$ 时，（NLP）称为无约束极值问题；当 $S \neq E^n$ 时，（NLP）称为约束极值问题。

1.1.2　非线性规划的解及图解法

设 $X \in E^n$，用 $\|X\|$ 表示向量（点）X 的模，通常定义 $\|X\| = \sqrt{\sum_{i=1}^{n} x_i^2}$。易见，对于 X^1，$X^2 \in E^n$，$\|X^1 - X^2\|$ 表示 X^1 和 X^2 两点之间的距离。

考虑（NLP），约束集 S 中的点称为可行解。下面给出最优解和极小点的概念。

设 $\overline{X} \in S$，若对于任意 $X \in S$ 都有 $f(\overline{X}) \leqslant f(X)$，则称 $\overline{X}$ 为（NLP）的最优解，也称全局极小点；若存在某个 $\varepsilon > 0$，使得在 $\overline{X}$ 的邻域 $N_\varepsilon(\overline{X}) = \{X \mid \|X - \overline{X}\| < \varepsilon\}$ 中的任意 $X \in S$，都有 $f(\overline{X}) \leqslant f(X)$，则称 $\overline{X}$ 为（NLP）的局部极小点。

注：（1）若在上述定义中，增加条件 $X \neq \overline{X}$，且要求严格不等式 $f(\overline{X}) < f(X)$ 成立，则称 $\overline{X}$ 为严格（全局或局部）极小点。

（2）在上述定义中，如果将不等号反向，则可得到极大点的定义。

图 1-2 给出了 $n = 1$ 情况下的最优解的直观图示。从图中可以看到：X^* 是严格全局最优解；X_1、X_4 以及线段 $[X_2, X_3]$ 上的所有点都是局部最优解，但只有 X_1 与 X_4 是严格的局部最优解。

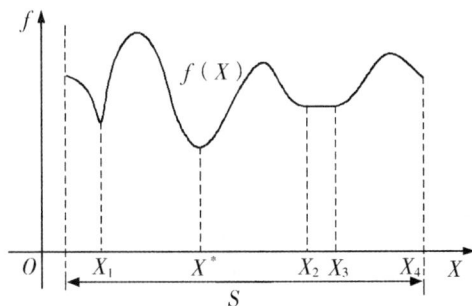

图1-2

当只有两个变量时，较简单的非线性规划也可以像线性规划那样用图解法求解。图解法虽然实际用处不大，但简单直观，有助于初学者了解非线性规划问题的几何意义和一些基本概念。图解法的主要思路是：首先画出可行域 S 和目标函数等值线族 $f(X) = c$（c 为参数），然后确定使得 c 取最大值（对于求 max 问题）或最小值（对于求 min 问题）的等值线与可行域 S 的公共点。

例7 用图解法解下列非线性规划

(1) $\min f_1(x_1, x_2) = (x_1-3)^2 + (x_2-2)^2$

   s. t. $g(x_1, x_2) = x_1^2 - x_2 - 3 \leq 0$

   $x_2 \leq 1$

   $x_1 \geq 0$

(2) $\max f_2(x_1, x_2) = 2x_1 - x_2$，约束条件如（1）

(3) $\min f_3(x_1, x_2) = 9x_1^2 + 5x_2^2 - 6x_1 + 10x_2$，约束条件如（1）

解：图1-3的阴影部分为可行域 S，$f_1(x_1, x_2) = c\,(c \geq 0)$ 为半径 $\sqrt{c}$、圆心 $(3, 2)$ 的圆族。因此（1）的最优解为图中的 A 点，即直线 $x_2=1$ 与抛物线 $g(x_1, x_2)=0$ 的交点，其坐标为 $(2, 1)$，$\min f_1 = 2$。对于（2），$f_2(x_1, x_2) = c$ 为平行直线族，容易看出该直线族与抛物线 $g(x_1, x_2)=0$ 的切点 $B(1, -2)$ 为最优解，最优值 $\max f_2 = 4$。最后，读者不难看出 $f_3(x_1, x_2) = c$ 为椭圆族，其中心为 $\left(\dfrac{1}{3}, -1\right)$，该点 D 落在可行域 S 的内部，因此（3）的最优解为 $x_1 = \dfrac{1}{3}$，$x_2 = -1$，目标函数最优值为 -6。

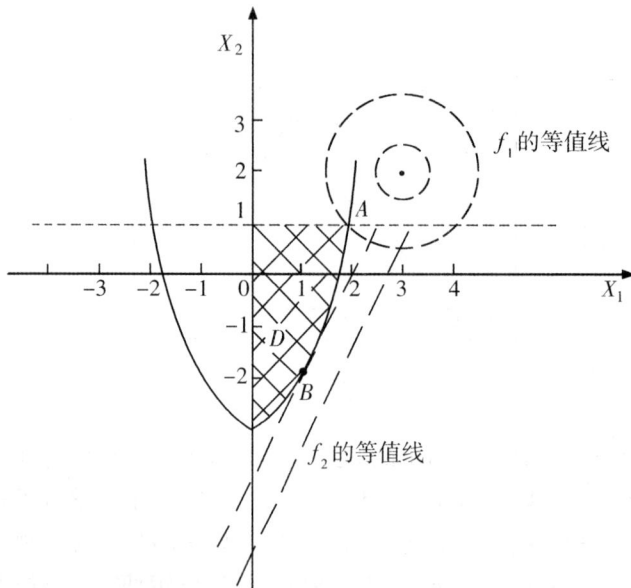

图1-3

我们知道，线性规划的最优解（若存在）一定在可行域的某个顶点（极点）达到，而例 7 说明，非线性规划的最优解一般在可行域的边界点（不一定是顶点）达到，但也可能落在可行域的内部。

1.1.3 无约束问题的极值条件

在微积分学课程中，已经讲授过一元函数和多元函数的极值问题，现将 n（$n>1$）元函数 $f(X)$ 与一元函数 $f(X)$ 作对比并归纳于表 1-4。

表 1-4 一元函数与多元函数的极值条件

$\overline{X}$（或 $\overline{X}$）是极小点	必要条件	充分条件
$f(X)$	$f'(\overline{X})=0$	$f'(\overline{X})=0$ 且 $f''(\overline{X})>0$
$f(X)$	$\nabla f(\overline{X})=0$	$\nabla f(\overline{X})=0$ 且矩阵 $H(\overline{X})$ 正定

其中，$\nabla f(\overline{X})=\left[\dfrac{\partial f(\overline{X})}{\partial x_1},\dfrac{\partial f(\overline{X})}{\partial x_2},\cdots,\dfrac{\partial f(\overline{X})}{\partial x_n}\right]$ 为 $f(X)$ 在点 $\overline{X}$ 的梯度（此处假设 $f(X)$ 可微）；$H(X)$ 为 $f(X)$ 在点 $\overline{X}$ 的 Hesse 阵，即：

$$H(\overline{X})=\left[\frac{\partial^2 f(\overline{X})}{\partial x_i \partial x_j}\right]_{n\times n} \quad (i,j=1,2,\cdots,n)$$

（此处假设 $f(X)$ 存在连续二阶偏导数）。

我们知道，梯度 $\overline{X}$ 的方向为 $f(X)$ 的等值线（等值面）在点 $\overline{X}$ 的法线方向，沿着这个方向函数值增加最快。

由线性代数可知，矩阵的正定性可以通过其顺序主子式的符号来确定。

1.1.4 凸函数及其性质

凸集、凸函数及其性质，是研究非线性规划问题不可缺少的内容，许多重要的结论都是在问题具有凸性的条件下才得到的。

设集合 $C\subset E^n$，若对于任意的 $\alpha\in[0,1]$ 以及 C 中的任意两点 X^1 和 X^2，有 $\alpha X^1+(1-\alpha)X^2\in C$，则称 C 是凸集。

凸集的几何意义为：连接凸集中的任意两点的线段必包含于此集合之中。

易见，凸集的交集一定是凸集。

设 $f(X)$ 是定义在凸集 C 上的函数，若对于任意的 $\alpha\in[0,1]$ 以及 C 中的任意两点 X^1 和 X^2，有

$$f(\alpha X^1+(1-\alpha)X^2)\leq \alpha f(X^1)+(1-\alpha)f(X^2) \qquad (1.7)$$

则称 $f(X)$ 是 C 上的凸函数。

如果当 $\alpha \in (0, 1)$，$X^1 \neq X^2$ 时，式（1.7）严格不等号成立，则称 $f(X)$ 是 C 上的严格凸函数。

若 $-f(X)$ 是 C 上的（严格）凸函数，则称 $f(X)$ 是 C 上的（严格）凹函数。或等价地，将式（1.7）中的不等号反向，也可得到凹函数的定义。

凸（凹）函数的几何图形如图 1-4（$n=1$）所示：凸（凹）函数图形上任意两点的连线都不在该图形的下（上）方。线性函数既可看作是凸函数，也可看作是凹函数。

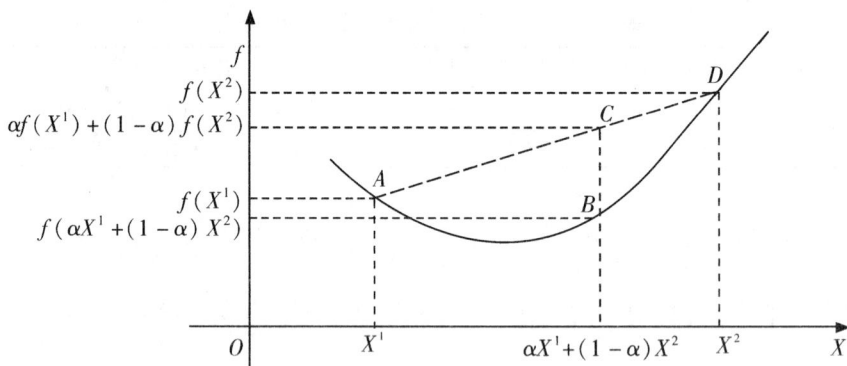

图1-4

不难证明凸函数的如下性质：

性质 1　有限个凸函数的非负线性组合仍为凸函数。

性质 2　设 $f(X)$ 为凸集 C 上的函数，则对任意的实数 β，集合 $C_\beta \triangleq \{X \mid X \in C, f(x) \leqslant \beta\}$ 是凸集（记号 $\triangleq$ 表示"定义"，C_β 称为水平集）。

可以使用偏导数来判别函数的凸性，具体有：

（1）可微函数 $f(X)$ 是凸集 C 上的凸函数的充要条件是对于任意的 X^1，$X^2 \in C$，有

$$f(X^2) \geqslant f(X^1) + \nabla f(X^1)^T (X^2 - X^1) \tag{1.8}$$

（2）具有连续二阶偏导数的 $f(X)$ 是凸集 C 上的凸函数的充要条件是 Hesse 阵 $H(X)$ 在 C 上处处半正定。

读者可以尝试给出条件 1 中式（1.8）的几何解释。

最后，我们给出有关凸函数极小值的两个重要定理（证明从略）。

定理 1　设 $f(X)$ 是凸集 S 上的可微凸函数，点 $\overline{X}$ 是 S 的内点，则 $\overline{X}$ 是 $\min\limits_{X \in S} f(X)$ 的全局极小点当且仅当 $\nabla f(\overline{X}) = 0$。

定理2 设 $f(X)$ 是凸集 S 上的凸函数，则最优化问题 $\min\limits_{X \epsilon S} f(X)$ 的局部最优解也是全局最优解，而且，它的最优解集是一个凸集。若 $f(X)$ 为严格凸函数，则其最优解是唯一的。

通常，我们称可行域 S 为凸集、目标函数 $f(X)$ 为凸函数的（NLP）为凸规划。请读者思考：在（NLP）中，约束函数 $g_i(X)$ 和 $h_j(X)$ 满足什么条件时，（NLP）才是一个凸规划？另外，应注意到，求凹函数在凸集上的极大值问题等价于求凸函数在凸集上的极小值问题，因此，该问题实质上也是一个凸规划问题。

例8 验证函数

$$f(X) = f(x_1, x_2, x_3) = x_1^2 + 3x_2^2 + 9x_3^2 - 2x_1x_2 + 2x_1x_3 + 6x_2x_3 + 5x_1 - 8x_2 + x_3$$

是 E^3 上的凸函数。

解：$f(X)$ 的梯度和 Hesse 阵分别为

$$\nabla f(X) = (2x_1 - 2x_2 + 2x_3 + 5, \ 6x_2 - 2x_1 + 6x_3 - 8, \ 18x_3 + 2x_1 + 6x_2 + 1)^T$$ 和

$$H(X) = \begin{pmatrix} 2 & -2 & 2 \\ -2 & 6 & 6 \\ 2 & 6 & 18 \end{pmatrix},$$ $H(X)$ 的各阶主子式的值分别为 2，

$$\begin{vmatrix} 2 & -2 \\ -2 & 6 \end{vmatrix} = 8 > 0, \quad \begin{vmatrix} 2 & -2 & 2 \\ -2 & 6 & 6 \\ 2 & 6 & 18 \end{vmatrix} = 0,$$ 故 $H(X)$ 在 E^3 上半正定，因此 $f(X)$ 是 E^3 上的凸函数。

例9 考虑问题

$$\min f(X) = x_1^3 - 2x_1x_2 + 6x_2^2 - \ln(1 + 3x_1), \quad \text{s. t.} \quad X \epsilon S。$$

其中，$S = \{X = (x_1, x_2)^T \mid 2x_1 + 3x_2 \leqslant 6, x_1 \geqslant 1, x_2 \geqslant 0\}$，验证它为凸规划。

解：易见可行域 S 为凸集。令 $f(X) = f_1(X) + f_2(X)$，其中 $f_1(X) = x_1^3 - 2x_1x_2 + 6x_2^2$，$f_2(X) = -\ln(1 + 3x_1)$。$f_1(X)$ 和 $f_2(X)$ 的 Hesse 阵分别为 $H_{f_1}(X) = \begin{pmatrix} 6x_1 & -2 \\ -2 & 12 \end{pmatrix}$，$H_{f_2}(X) = \begin{pmatrix} \dfrac{9}{(1+3x_1)^2} & 0 \\ 0 & 0 \end{pmatrix}$，它们分别在 S 上正定和半正定，故 $f_1(X)$ 和 $f_2(X)$ 是 S 上的凸函数，从而其和 $f(X)$ 也是 S 上的凸函数。因此，所考虑问题为凸规划。

1.1.5　拟凸函数和伪凸函数

本小节介绍凸函数概念的两个重要推广，从而使先前所得的大多数结果仍然成立。目前，广义凸性在经济管理领域中已得到了广泛的应用。

1. 拟凸函数

设 $f(X)$ 是定义在凸集 C 上的函数，若对于任意的 $\alpha \in [0,1]$ 以及 C 中的任意两点 X^1 和 X^2，有

$$f(\alpha X^1 + (1-\alpha)X^2) \leqslant \max\{f(X^1), f(X^2)\} \tag{1.9}$$

则称 $f(X)$ 是 C 上的拟凸函数。

如果当 $\alpha \in (0,1)$，$X^1 \neq X^2$ 时，式 (1.9) 严格不等号成立，则称 $f(X)$ 是 C 上的严格拟凸函数。

如果 $f(X)$ 是拟凸函数，且当 $\alpha \in (0,1)$，$f(X^1) \neq f(X^2)$ 时，式 (1.9) 严格不等号成立，则称 $f(X)$ 是显拟凸函数。

由定义易知，凸函数一定是拟凸函数，但反之不然（图 1-5）。作为练习，请读者判别 $f(x) = x^3 (-\infty < x < +\infty)$ 的凸性与拟凸性。

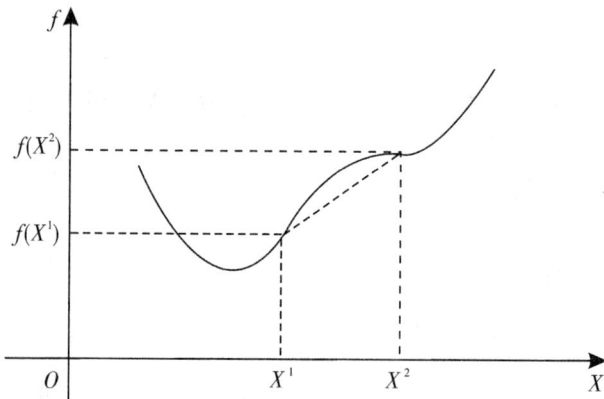

图1-5

若 $-f(X)$ 是 C 上的拟凸函数，则称 $f(X)$ 是 C 上的拟凹函数。或等价地，下面的不等式成立

$$f(\alpha X^1 + (1-\alpha)X^2) \geqslant \min\{f(X^1), f(X^2)\} \tag{1.10}$$

类似地，可以给出严格拟凹和显拟凹函数的定义。

对于拟凸函数，凸函数的性质 1 并不成立，但性质 2 却得到加强，具体有：

设 $f(X)$ 在凸集 C 上有定义，$f(X)$ 为 C 上的拟凸函数当且仅当：对于任意实数 β，水平集 $C_\beta = \{X \mid X \epsilon C, f(X) \leqslant \beta\}$ 是凸集。

2. 伪凸函数

设 $f(X)$ 是凸集 C 上的可微函数，若对于 C 中任意两点 X^1 和 X^2，有

$$\nabla f(X^1)^T (X^2 - X^1) \geqslant 0 \text{ 蕴涵 } f(X^2) \geqslant f(X^1) \quad (1.11)$$

则称 $f(X)$ 是 C 上的伪凸函数。

如果当 $X^1 \neq X^2$ 时有

$$\nabla f(X^1)^T (X^2 - X^1) \geqslant 0 \text{ 蕴涵 } f(X^2) > f(X^1) \quad (1.12)$$

则称 $f(X)$ 是 C 上的严格伪凸函数。

若 $-f(X)$ 是 C 上的（严格）伪凸函数，则称 $f(X)$ 是 C 上的（严格）伪凹函数。

由式（1.8）可见，可微凸函数一定是伪凸函数，但反之不然。例如，考虑 $f(x) = x + x^3 (-\infty < x < +\infty)$，任取 $x_1, x_2 \epsilon (-\infty, +\infty)$，则 $\nabla f(x_1)^T (x_2 - x_1) = (1 + 3x_1^2)(x_2 - x_1)$。若 $\nabla f(x_1)^T (x_2 - x_1) \geqslant 0$，则有 $x_2 \geqslant x_1$，因此 $x_2^3 \geqslant x_1^3$，从而 $f(x_2) = x_2 + x_2^3 \geqslant x_1 + x_1^3 = f(x_1)$，所以 $f(X)$ 为 $(-\infty, +\infty)$ 上的伪凸函数，但不是凸函数（图 1-6）。

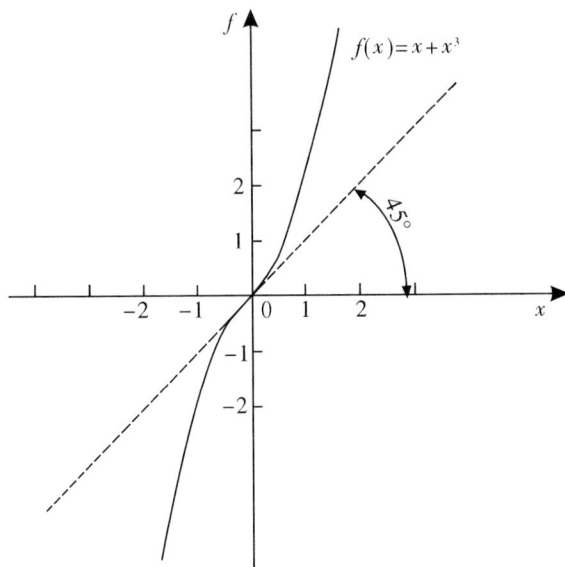

图 1-6

各种凸性之间的关系如图 1 - 7 所示。最后，我们给出有关凸函数极小值两个重要定理的推广：定理 1 对于伪凸函数 $f(X)$ 仍然成立；定理 2 的第一部分对于显拟凸函数仍然成立（应强调对于拟凸函数并不成立），第二部分对于严格拟凸函数也成立。有兴趣的读者可参阅有关文献。另外，请读者思考广义凹性及相关结果。

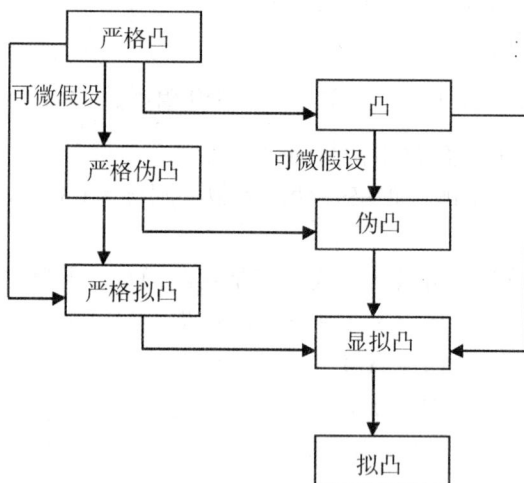

图 1 - 7　各种凸性之间的关系

1.1.6　约束问题的最优性条件

考虑非线性规划问题

$$\text{min} f(X)$$

$$(\text{NLP})\quad \text{s. t.}\quad g_i(X) \leqslant 0,\ i = 1, 2, \cdots, m$$

$$h_j(X) = 0,\ j = 1, 2, \cdots, p$$

假定所有函数都是可微的。

记（NLP）的可行域为 S，则可表示为

$$(\text{NLP})\quad \min_{X \in S} f(X)$$

1. 基本概念

设 $X^0 \in S$，若某一不等式的约束 $g_i(X) \leqslant 0$ 满足 $g_i(X^0) = 0$，则称该约束是 X^0 的起作用约束，否则称为不起作用约束。对于起作用约束，点 X^0 处于

该约束形成的可行域边界上，它对 X^0 的微小摄动起到了某种限制作用。

记指标集 $I(X^0) = \{i \mid g_i(X^0) = 0\}$。

设 $X^0 \epsilon S$，对于某一方向 D，若存在正数 λ_0，使对于一切 $\lambda \epsilon [0, \lambda_0]$ 都有 $X^0 + \lambda D \epsilon S$，则称方向 D 为在 X^0 的一个可行方向。

若对于方向 D，存在正数 λ'_0，使对于 $\lambda \epsilon [0, \lambda'_0]$，都有 $f(X^0 + \lambda D) < f(X^0)$，则称 D 为在 X^0 的下降方向。

如果方向 D 既是在 X^0 的可行方向，又是在 X^0 的下降方向，则称 D 为在 X^0 的可行下降方向。在实际计算中，若某 X^0 不是极小点，就继续沿着在 X^0 的可行下降方向去搜索，可以找到目标值小于 $f(X^0)$ 的可行点。显然，若 X^0 是局部极小点，则在 X^0 不存在可行下降方向。

由于等式约束 $h_j(X) = 0$ 可以化为两个不等式约束 $h_j(X) \leqslant 0$ 和 $-h_j(X) \leqslant 0$，所以有时可考虑只含有不等式约束的（NLP），记其为（NLP）$'$。

对于（NLP）$'$，使用可微性不难证明，下述条件

$$\begin{cases} \nabla g_i(X^0)^T D < 0, & i\epsilon I(X^0) & (1.13) \\ \nabla f(X^0)^T D < 0 & & (1.14) \end{cases}$$

是方向 D 在 X^0 的可行下降方向的充分条件。其几何意义是，D 与 $\nabla g_i(X)$ ($i\epsilon I(X^0)$) 的夹角为钝角，D 与 $\nabla f(X^0)$ 的夹角也为钝角。从而，若 X^0 是局部极小点，则不存在向量 D 同时满足（1.13）和（1.14），这就是局部极小点比较直观的必要条件。

2. K – T（Kuhn – Tucker） **必要条件**

在介绍著名的 K – T 必要条件前，我们引入约束规格（constraint qualification，简记为 CQ）的概念。CQ 是为了保证局部极小点满足 K – T 条件，对约束函数附加的限制条件（对于通常的非线性规划问题，CQ 一般是成立的）。在非线性规划的研究中，有着不同的 CQ，但比较普遍且最简单的 CQ 为：各个起作用约束函数在局部极小点的梯度线性无关。

只含有不等式约束的（NLP）$'$ 的 K – T 条件如下：设 X^* 是（NLP）$'$ 的局部极小点，而且 CQ 成立，则存在各 $\lambda_i^* \geqslant 0$，$i\epsilon I(X^*)$，使得

$$\nabla f(X^*) + \sum_{i\epsilon I(X^*)} \lambda_i^* \nabla g_i(X^*) = 0 \qquad (1.15)$$

其中，$I(X^*)$ 为 X^* 的起作用约束指标集。

式（1.15）可写为：

$$-\nabla f\ (X^*)\ =\ \sum_{i\in I(X^*)}\lambda_i^*\ \nabla g_i\ (X^*) \tag{1.16}$$

即 $-\nabla f\ (X^*)$ 可表示为各 $\nabla g_i\ (X^*)$ （$i\in I\ (X^*)$）的非负线性组合。为了作进一步的几何直观解释，假定点 X^* 有两个起作用约束，比方说有 $g_1\ (X^*) = g_2\ (X^*)\ = 0$。此时，$-\nabla f\ (X^*)$ 必定位于 $\nabla g_1\ (X^*)$ 和 $\nabla g_2\ (X^*)$ 的夹角内部，否则，一定存在方向 D 与 $\nabla f\ (X^*)$、$\nabla g_1\ (X^*)$ 和 $\nabla g_2\ (X^*)$ 同夹钝角，即存在可行下降方向 D，这与 X^* 为局部极小点矛盾（图 1-8）。从而，存在 $\lambda_1^* \geqslant 0$ 和 $\lambda_2^* \geqslant 0$，使 $-\nabla f\ (X^*)\ = \lambda_1^*\ \nabla g_1\ (X^*)\ +\ \lambda_2^*\ \nabla g_2\ (X^*)$。依此类推，可以得到式（1.16）。

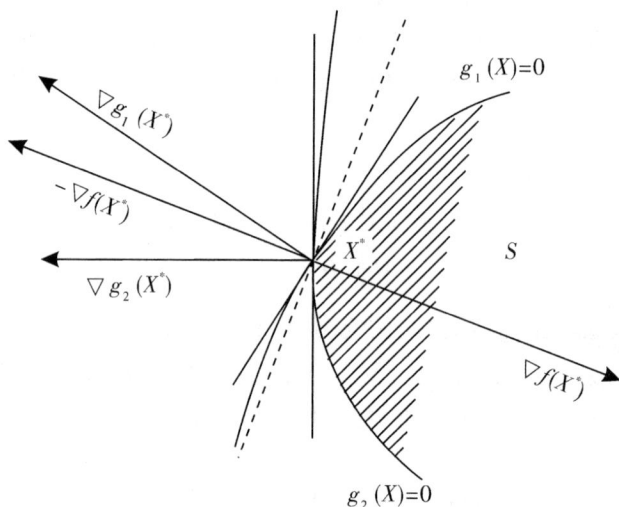

图 1-8

为了把不起作用的约束包含进 K-T 条件中，增加条件

$$\lambda_i^* g_i\ (X^*)\ = 0,\ \lambda_i^* \geqslant 0,\ i = 1,\ 2,\ \cdots,\ m \tag{1.17}$$

式子 $\lambda_i^* g_i\ (X^*)\ = 0$ 表明：若 $\lambda_i^* > 0$，必有 $g_i\ (X^*)\ = 0$，即 $i\in I\ (X^*)$；若 $i \notin I\ (X^*)$，必有 $\lambda_i^* = 0$。称（1.17）为互补松弛性条件。

下面给出含有等式与不等式约束的（NLP）的 K-T 条件。

设 X^* 是（NLP）的局部极小点，且 CQ 成立，则存在各数 λ_i^*（$i = 1, 2, \cdots, m$）和 γ_j^*（$j = 1, 2, \cdots, p$）使下述条件成立：

$$
\begin{cases}
\nabla f\left(X^{*}\right)+\sum_{i=1}^{m}\lambda_{i}^{*}\nabla g_{i}\left(X^{*}\right)+\sum_{j=1}^{p}\gamma_{j}^{*}\nabla h_{i}\left(X^{*}\right)=0 \\
\lambda_{i}^{*}g_{i}\left(X^{*}\right)=0,\ i=1,\ 2,\ \cdots,\ m \\
\lambda_{i}^{*}\geqslant0,\ i=1,\ 2,\ \cdots,\ m
\end{cases}
\tag{1.18}
$$

K-T 条件 (1.18) 中的 λ_{i}^{*} 和 γ_{j}^{*} 称为广义拉格朗日 (Lagrange) 乘子或 K-T 乘子。满足 K-T 条件的可行点称为 K-T 点。

关于 K-T 条件的严格证明，有兴趣的读者可参看有关文献。另外还可以证明，对于凸规划和某种广义凸性规划，K-T 条件也是全局极小的充分条件。

借助于 K-T 条件可以求解一些 (NLP) 和设计出一些算法，由于本章主要是使用计算机求解问题，故不作介绍。

目前，求解非线性规划问题最常用的数值方法是迭代法，其基本思路是：给出问题最优解的初始估计值 X^{0} (称为初始点)，然后从 X^{0} 出发，按照某种规则计算出一系列的点：$X^{0},\ X^{1},\ X^{2},\ \cdots,\ X^{k},\ \cdots$ 设点列 $\{X^{k}\}$ 在有限或无限步的意义下趋向于某点 $\overline{X}$，我们希望 $\overline{X}$ 就是最优解，但由于非线性规划问题的复杂性和多样性，一般来说 $\overline{X}$ 不一定是最优解，而只能说是最优解的候选点。各种最优性条件能帮助我们对 $\overline{X}$ 的最优性作出判断。

例 10　**考虑非线性规划**

$$
\min f\left(X\right)=2x_{1}^{2}-4x_{1}x_{2}+4x_{2}^{2}-6x_{1}-3x_{2}
$$

$$
\text{s. t.}\quad g_{1}\left(X\right)=x_{1}+x_{2}-3\leqslant0,\ g_{2}\left(X\right)=4x_{1}+x_{2}-9\leqslant0,
$$

$$
g_{3}\left(X\right)=7x_{1}^{2}+4x_{2}^{2}+2x_{1}x_{2}-\ln\left(1+5x_{1}+3x_{2}\right)-34\leqslant0,
$$

$$
g_{4}\left(X\right)=-x_{1}\leqslant0,\ g_{5}\left(X\right)=-x_{2}\leqslant0,
$$

用 K-T 条件检验点 $\overline{X}=\left(2,\ 1\right)^{T}$ 和 $X'=\left(1.95,\ 1.05\right)^{T}$ 的最优性。

解： 对于 $\overline{X}=\left(2,\ 1\right)^{T}$，第一和第二个约束为起作用约束，因此 K-T 条件为

$$
\begin{cases}
\nabla f\left(\overline{X}\right)+\lambda_{1}\nabla g_{1}\left(\overline{X}\right)+\lambda_{2}\nabla g_{2}\left(\overline{X}\right)=0 & (1.19) \\
\lambda_{1},\ \lambda_{2}\geqslant0 & (1.20)
\end{cases}
$$

经计算得 $\nabla f\left(\overline{X}\right)=\left(-2,\ -3\right)^{T}$，$\nabla g_{1}\left(\overline{X}\right)=\left(1,\ 1\right)^{T}$，$\nabla g_{2}\left(\overline{X}\right)=\left(4,\ 1\right)^{T}$。由 (1.19) 有

$$
\begin{pmatrix}-2\\-3\end{pmatrix}+\lambda_{1}\begin{pmatrix}1\\1\end{pmatrix}+\lambda_{2}\begin{pmatrix}4\\1\end{pmatrix}=0
$$

从而得

$$\begin{cases} \lambda_1 + 4\lambda_2 = 2 \\ \lambda_1 + \lambda_2 = 3 \end{cases}$$

解方程组得 $\lambda_1 = \dfrac{10}{3}$，$\lambda_2 = -\dfrac{1}{3}$，不符合（1.20），这表明在点 $\overline{X}$ 处 K – T 条件不成立，因此 $\overline{X}$ 不是局部最优解。

对于 $X' = (1.95，1.05)^T$，只有第一个约束起作用，故 K – T 条件为

$$\begin{cases} \nabla f(X') + \lambda_1 \nabla g_1(X'_1) = 0 \\ \lambda_1 \geqslant 0 \end{cases}$$

我们有 $\nabla f(X') = (-2.4，-2.4)^T$，$\nabla g_1(X') = (1，1)^T$，代入 K – T 条件可得 $\lambda_1 = 2.4$，因此 X' 为 K – T 点。

容易证明本例为凸规划（可参看例9），所以 $X' = (1.95，1.05)^T$ 为其（全局）最优解，最优值 $f(X') = -11.025$。

请读者思考：本例的最优解是否唯一？

1.2　非线性规划求解方法概述

非线性规划求解方法的内容是十分丰富和复杂烦琐的，对其作深入钻研需要一定的数学基础和较充裕的时间。目前，计算机和专业工具软件的功能已经非常强大，经济管理类等一些应用性较强的专业的学生已没有必要去掌握各种算法的数学推导和具体计算步骤。由于我们主要使用专业软件解非线性规划，故只对其求解方法作简单介绍。

1.2.1　基本迭代格式

前面已提到，对于非线性规划，通常采用迭代法求解，其基本思路是：从一个选定的初始点 X^0 出发，按照某种规则算出点列 $\{X^k\}$，使得 $\{X^k\}$ 趋向于最优解或其候选点。问题是：如何来产生这列点列 $\{X^k\}$？或者说有了 X^k 以后如何求出下一个点 X^{k+1}？

实际上，X^{k+1} 总可以写成

$$X^{k+1} = X^k + \lambda_k D^k, \ k = 0, 1, 2, \cdots \qquad (1.21)$$

其中，向量 D^k 是从 X^k 指向 X^{k+1} 的方向，称为搜索方向，λ_k 为一个非负实

数，称为步长（当 $\|D^k\| = 1$ 时，λ_k 为 X^k 与 X^{k+1} 两点间的距离）。若已有 X^k，则 X^{k+1} 可由 D^k 和 λ_k 唯一确定。式（1.21）就是求解非线性规划的基本迭代格式。

实际上，各种迭代算法的区别就在于选取 D^k 和 λ_k 方式的不同。特别是向量 D^k 的确定是问题的关键。对于求解 min 问题，选择 D^k 和 λ_k 的一般原则是使得目标函数值列 $\{f(X^k)\}$ 逐步减小，即 $f(X^0) \geqslant f(X^1) \geqslant \cdots \geqslant f(X^k) \geqslant f(X^{k+1}) \geqslant \cdots$。这种算法称为下降算法。因此，对于无约束问题，搜索方向 D^k 为按照一定规则构造在点 X^k 处的下降方向；而对于带约束问题，则构造可行下降方向。至于步长 λ_k，通常采用下面介绍的一维搜索法来确定。此外，还要检验 $\{X^k\}$ 是否收敛于最优解或其候选点，探讨收敛的速度，这些都是很困难的理论问题，在此不作讨论。在实际计算中，更多的是关心算法的终止准则，常用的终止准则有：

（1）当 $\|X^{k+N} - X^k\| < \varepsilon$ 或者 $\dfrac{\|X^{k+1} - X^k\|}{\|X^k\|} < \varepsilon$ 成立时；

（2）当 $f(X^k) - f(X^{k+N}) < \varepsilon$ 或者 $\dfrac{(f(X^k) - f(X^{k+1}))}{|f(X^k)|} < \varepsilon$ 成立时；

（3）当 $\|\nabla f(X^k)\| < \varepsilon$ 成立时。

其中 ε 和 N 是预先给定的，$\varepsilon > 0$ 且充分小，N 为某正整数。

1.2.2　一维搜索法

在上面提到的基本迭代格式（1.21）中，从已求得的 X^k 出发，当搜索方向 D^k 已确定，计算步长 λ_k 一般需要求解单变量 λ 的极小化问题

$$\min_{\lambda \in I} \varphi(\lambda) \triangleq f(X^k + \lambda D^k) \tag{1.22}$$

其中，I 为区间 $[0, +\infty)$（对于无约束问题）或 $[0, \lambda_{\max}]$（对于带约束问题，其中 $\lambda_{\max}$ 是某正数）。

这个过程被称为一维搜索（或线搜索）。处理问题（1.22）的线搜索算法有两种基本类型：精确线搜索和可接受线搜索（也称为不精确线搜索）。前者的目的在于求出（1.22）的极小点，以便使每一次迭代目标函数的下降量最大；后者的目的是按某一规则选取步长 λ_k，使得每一次迭代目标函数取得可接受的下降量，即要求 $f(X^k) - f(X^k + \lambda_k D^k) \geqslant \varepsilon_k$（$\varepsilon_k > 0$ 可接受）。在实际计算中，由于计算机字长和计算误差等原因，一般不可能求得（1.22）的精确最优解，求近似最优解也常常需要花费较大的工作量，而进行可接受线搜索往往只需很少计算量。另外，非线性规划中的很多有效方法并不需要每一步

迭代的线搜索过程都是精确的，因此，可接受线搜索在实践中有着重要的价值。

线搜索通常有两种实现方式：一种方式为分割区间法（试探法），其基本思想是采用各种各样的策略将大的搜索区间——包含（1.22）的极小点的闭区间——逐次分割成较小的搜索区间，通过寻找（1.22）的一系列试探点得到其极小点的近似点。这种实现方式包括进退探索法、分数法（Fibonacci法）、黄金分割法、二分法等。另一种实现方式为函数逼近法（插值法），其基本思想是采用不同形式的函数逼近策略，获得目标函数 $\varphi(\lambda)$ 较简单的逼近曲线，然后用逼近曲线的极小点作为（1.22）的极小点的近似点。这种实现方式包括割线法、牛顿法、抛物线法等。

1.2.3　无约束极值问题求解方法

实际问题形成的非线性规划一般都含有约束条件，然而，对无约束极值问题的研究仍然具有重要意义，因为它是约束极值问题的基础。

考虑如下的无约束极值问题

$$\min f(X), \quad X \in E^n \tag{1.23}$$

当 $f(X)$ 为可微函数时，可以利用极值的条件求解。但由于条件 $\nabla f(X)=0$ 得到的方程组往往是非线性的，很难或根本不可能用解析法，而只能用数值法求解。因此通常宁愿放弃解非线性方程组，而采用在空间 E^n 中直接搜索的方法。

求解（1.23）的迭代法，一般采用式（1.21）这种基本格式，其中 D^k 是下降的搜索方向，λ_k 用线搜索确定。搜索方向的选取是问题的核心，搜索方法不同则形成不同的求解方法。

1. 梯度法、牛顿法与拟牛顿法

梯度法（最速下降法）是求解（1.23）最简单、最基本的方法。该方法选取搜索方向的出发点是：选择函数值下降速度最快的方向，亦即选取 $D^k = -\nabla f(X^k)$。梯度法的迭代步骤如下：

（1）选取初始点 X^0，给定计算精度 $\varepsilon > 0$，令 $k:=0$；

（2）计算 $\nabla f(X^k)$，若 $\| \nabla f(X^k) \| < \varepsilon$，则迭代结束，取 $X^* = X^k$，否则转（3）；

（3）令 $D^k = -\nabla f(X^k)$，在 X^k 沿方向 D^k 进行线搜索，得到 λ_k 和 $X^{k+1} = X^k + \lambda_k D^k$，令 $k:=k+1$，返回（2）。

梯度法执行起来简单，计算量和存储量都较小。从局部来看，负梯度方向

是目标函数值下降最快的方向，但从全局来看，由于相邻的两个搜索方向是正交的，故每次迭代移动的步长很小，这样就呈现出锯齿现象，使收敛速度很慢。因此，人们希望能找到收敛快一些的方法。

牛顿法是收敛速度很快的方法，该方法选取的搜索方向 $D^k = -[H(X^k)]^{-1}$ $\nabla f(X^k)$（称为牛顿方向），即 $f(X)$ 在 X^k 的 Hesse 阵的逆阵与负梯度的乘积。但牛顿法也存在一些不足：首先是对 $f(X)$ 有较多的要求，其次是计算 Hesse 阵的逆阵的工作量相当大。

在牛顿法的基础上，能否找到一种既有收敛速度较快又不用计算二阶导数及其逆阵的方法？经过研究，学者们提出构造一个矩阵 H_k 代替牛顿方向中的 $[H(X^k)]^{-1}$ 的一类方法。H_k 满足三个条件：①H_k 只用到 $f(X)$ 的一阶导数信息；②H_k 正定；③随着 k 的增大，$H_k \approx [H(X^k)]^{-1}$。矩阵 H_k 称为尺度阵，它从一次迭代到另一次迭代是变化的，因此称这种极小化迭代算法为变尺度法。

拟牛顿法是尺度阵 H_k 满足下述拟牛顿条件（亦称割线关系式）的一类变尺度法：

$$X^k - X^{k-1} = H_k (\nabla f(X^k) - \nabla f(X^{k-1})) \qquad (1.24)$$

该条件使得算法具有一些良好的性质。

由于构造近似矩阵 H_k 的方法不同，因而有不同的拟牛顿法，其中最著名的是 DFP 法和 BFGS 法。经理论证明和实践检验，拟牛顿法已经成为一类公认的有效算法。

2. 共轭方向法

首先介绍共轭和共轭方向的概念。

设 A 是 n 阶对称正定矩阵，X 与 Y 是 E^n 中的向量，若 $X^T A Y = 0$，则称 X 与 Y 关于 A 共轭。

若 A 为单位阵，则 $X^T A Y = X^T Y$（X 与 Y 的内积），A 共轭条件即为通常的正交条件，因此 A 共轭概念是正交概念的推广。

关于共轭，有下述重要性质：

性质 1　设 A 为 n 阶对称阵，$D^1, D^2, \cdots, D^n$ 为 A 共轭的非零 n 维向量，则 $D^1, D^2, \cdots, D^n$ 线性无关。

性质 2　考虑二次函数 $f(X) = \frac{1}{2} X^T A X + B^T X = \frac{1}{2} \sum_{i=1}^{n} \sum_{j=1}^{n} a_{ij} x_i x_j + \sum_{j=1}^{n} b_j x_j$，其中 A 为 n 阶对称正定矩阵，$B \in E^n$。设非零向量组 $D^1, \cdots, D^n$ 关于 A 共轭，

则从任一点 X^1 出发，相继沿共轭方向 D^1，…，D^n 进行精确线搜索，至多经 n 次便可得到二次函数 $f(X)$ 的极小点。

性质 2 是一个很好的性质，称为二次终止性。由于一般非线性函数在一点的邻近可以二次函数来逼近（使用二阶 Taylor 展开式），因此，使用共轭方向的算法处理非二次的非线性函数，也会收到较好的效果。

共轭梯度法是一种较著名的共轭方向法，其基本思想是把共轭性与梯度法相结合，利用已知点处的梯度构造一组共轭方向，并沿这组方向搜索以求出目标函数的极小点。限于篇幅，这里不作详细介绍。

最后应指出，上面所提到的拟牛顿法也具有二次终止性。

1.2.4　约束极值问题求解方法

含有约束条件的极值问题求解方法的思路大致可分为三大类：第一类是将有约束问题转化为无约束问题后求解，例如罚函数法、障碍函数法、乘子法等；第二类是在求解迭代过程中直接使目标函数值不断下降，同时设法防止迭代点离开可行域，例如可行方向法、梯度投影法、既约梯度法等；第三类是使用一系列线性规划或二次规划的解，去逼近原约束问题的最优解，例如割平面法、序列二次规划法等。本小节将简单介绍一些基本方法。

1. 罚函数法（SUMT 外点法）

考虑带约束的非线性规划

$$\min f(x)$$
$$(\text{NLP}) \quad \text{s. t.} \quad g_i(x) \leqslant 0, i = 1, \cdots, m$$
$$h_j(x) = 0, j = 1, \cdots, p$$

记其可行域为 S。

罚函数法的基本思想是，将约束条件与目标函数组合在一起，化为无约束极值问题。具体是引入罚函数 $P(X)$ 满足条件：①连续；②$P(X) \geqslant 0$；③当 $X \epsilon S$ 时，$P(X) = 0$。然后作辅助函数（称为增广目标函数）$F(X, M) = f(X) + MP(X)$，其中 M 为充分大的正数，称为惩罚因子，$MP(X)$ 称为惩罚项。易见 $F(X, M)$ 具有这样的性质：当 $X \epsilon S$ 时，$F(X, M) = f(x)$；当 $X \notin S$ 时，$F(X, M)$ 取很大的值。这样，可将原问题（NLP）转化为辅助函数 $F(X, M)$ 的无约束极小化问题：

$$\min_X F(X, M) = f(X) + MP(X) \tag{1.25}$$

若（1.25）的最优解 $X(M) \epsilon S$，则对于任意 $X \epsilon S$，有 $f(X) = F(X, M) \geqslant F(X(M), M) = f(X(M))$。因此，$X(M)$ 也是（NLP）的

最优解。当 $X（M）\notin S$ 时，$F（X（M），M）$ 取很大的正值（受到惩罚）。随着 M 值的增加，惩罚项 $MP（X）$ 所起的作用越来越大，这样就迫使 $X（M）$ 逐步接近可行域 S。因此，求解（1.25）能够得到（NLP）的近似解，而且 M 越大，近似程度越好。

罚函数 $P（X）$ 通常取为

$$P（X）= \sum_{i=1}^{m}\left[\max\left\{g_i（x），0\right\}\right]^2 + \sum_{j=1}^{p}\left[h_j（x）\right]^2 \qquad (1.26)$$

实际计算中，惩罚因子 M 的选择很重要。一般是取一列趋向于无穷大的严格递增正数列 $\{M_k\}$ 逐个求解无约束问题 $\min\limits_{X} F（X，M_k）$，得到极小点序列 $\{X（M_k）\}$，在一定的条件下，这个序列收敛于（NLP）的最优解 X^*。因此，这种方法又称为序列无约束极小化方法（sequential unconstrained minimization technique），简称 SUMT 外点法。具体迭代步骤如下：

（1）选取初始点 X^0，初始惩罚因子 M_1，计算精度 $\varepsilon>0$，令 $k：=1$；

（2）以 X^{k-1} 为初始点，求解无约束问题 $\min\limits_{X} F(X，M_k)=f(X)+M_kP(X)$，设求得的最优解为 $X^k = X（M_k）$；

（3）若 $M_kP（X^k）<\varepsilon$，则迭代停止，取 $X^* = X^k$，否则取 $M_{k+1}>M_k$，令 $k：=k+1$，返回（2）。

2. **可行方向法**

考虑只含有不等式约束的非线性规划

$$\min f(x)$$
$$（NLP）'\quad \text{s. t.}\quad g_i(x)\leqslant 0，i=1，\cdots，m$$

记 S 为可行域并设 X^k 是该问题的一个可行解，但不是极小点。为了进一步求其极小点，我们使用基本迭代格式（1.21）求下一个点 X^{k+1}，其中 D^k 为可行下降方向，λ_k 为通过线搜索确定的步长，满足条件

$$\begin{cases}X^{k+1}=X^k+\lambda_kD^k\in S\\ f(X^{k+1})<f(X^k)\end{cases}$$

反复进行这一过程，直到得到满足精度要求的近似解。这种方法称为可行方向法。它的主要特点是：迭代过程中所采用的搜索方向总为可行方向，所产生的迭代点列始终在可行域 S 内，目标函数值单调下降。由此可见，可行方向法实际上是一类方法。下面介绍 Zoutendijk 可行方向法。

记 $I（X^k）$ 是点 X^k 的起作用约束指标集，由前面的式（1.13）和

（1.14），可使用下述不等式组确定可行下降方向 D：

$$\begin{cases} \nabla f(X^K)^T D < 0 \\ \nabla g_i(X^K)^T D < 0, \ i \epsilon I(X^K) \end{cases}$$

记 $Z = \max \{\nabla f(X^k)^T D, \ \nabla g_i(X^k)^T D, \ i \epsilon I(X^k)\}$，我们极小化 Z，并引入向量 D 的模的限制条件，可把选取搜索方向的工作转化为求解下述线性规划问题：

$$\min Z$$
$$\text{s. t.} \quad \nabla f(X^k)^T D - Z \le 0$$
$$\nabla g_i(X^k)^T D - Z \le 0, \ i \epsilon I(X^k)$$
$$-1 \le d_j \le 1, \ j = 1, \ 2, \ \cdots, \ n$$

式中，$d_j(j = 1, \ 2, \ \cdots, \ n)$ 为向量 D 的分量，最后一个约束的加入是为了使该线性规划有最优解，它对 D 的方向不会产生影响。

记上述线性规划的最优解为 $(Z_k, \ D^k)$，如果 $Z_k = 0$，则说明在点 X^k 不存在可行下降方向，在 CQ（约束规格）成立的条件下，X^k 为 K – T 点。若 $Z_k < 0$，则得到可行下降方向 D^k。

Zoutendijk 可行方向法的迭代步骤如下：

（1）选取初始点 $X^0 \epsilon S$，计算精度 $\varepsilon > 0$，令 $k: = 0$；

（2）令 $I_k = \{i \mid g_i(X^k) = 0\}$，解线性规划

$$\min Z$$
$$\text{s. t.} \quad \nabla f(X^k)^T D - Z \le 0$$
$$\nabla g_i(X^k)^T D - Z \le 0, \ i \epsilon I(X^k)$$
$$-1 \le d_j \le 1, \ j = 1, \ 2, \ \cdots, \ n$$

得最优解 $(Z_k, \ D^k)$；

（3）若 $|Z_k| < \varepsilon$，则停止迭代，得到点 X^k；否则，进入（4）；

（4）以 D^k 为搜索方向，求解线搜索问题：

$$\min f(X^k + \lambda D^k)$$
$$\text{s. t.} \quad 0 \le \lambda \le \lambda_{\max}$$

其中，$\lambda_{\max} = \max \{\lambda \mid g_i(X^k + \lambda D^k) \le 0, \ i = 1, \ \cdots, \ m\}$（即 $\lambda_{\max}$ 是使得 $X^k + \lambda D^k \epsilon S$ 的最大 λ 值），得最优解 λ_k；

（5）令 $X^{k+1} = X^k + \lambda_k D^k$，令 $k: = k + 1$，返回（2）。

1.3　使用计算机软件求解非线性规划

在实际工作中，想用手工计算来解非线性规划是根本不可能的，编程计算虽然可行，但工作量大，需要花费大量的时间和精力，且由于程序长而烦琐，容易出错。对于应用型专业的大学生、研究生以及工程技术、科技、管理人员，最可行的方法是使用现成的专业软件求解。本章使用的软件包是 LINGO，另外，还将介绍电子表格软件 Microsoft Excel 中的"规划求解"加载宏的应用。

1.3.1　LINGO 的使用

LINGO（Linear Interactive and General Optimizer）是美国 LINDO 系统公司（Lindo System Inc.）推出的求解最优化问题的专业软件包，它在求解各种大型线性、非线性和整数规划方面具有明显的优势。LINGO 软件内置建模语言，提供几十个内部函数，从而能以较少语句、较直观的方式描述较大规模的优化模型。它的运行速度快，计算结果可靠，能方便地与 Excel、数据库等其他软件交换数据，经过多次改进与版本升级，该软件已成为最优秀的专业优化软件。LINGO 的官方网站为 http：//www. lindo. com。

LINGO 语言可分为两个层次：标量语言与集合语言。

1.　LINGO 的标量语言

LINGO 标量语言十分接近数学语言，简单易学，对于输入量较少的小型问题，使用标量语言非常方便。但对于输入量较多的大型问题，若仍然用标量语言输入，虽然也能求解并得出结果，但模型的篇幅很长，不便于分析修改和扩展，而且容易出错，为了提高编程的效率，这时应采用 LINGO 集合语言。

LINGO 的语法规定：

（1）在 LINGO 中输入的英文字母不区分大小写。

（2）求目标函数的最小值或最大值分别用 min = …或 max = …来表示。

（3）变量名必须以字母开头，由字母、数字（0 - 9）和下划线所组成，长度不超过 32 个字符。

（4）每条语句（包括注释语句）必须以分号";"结束，注释语句以"!"开头。

（5）系统默认所有变量非负，如果变量 x 为自由变量，则必须用"@free（x）;"表明。

（6）约束中的≤与≥号，可分别用 < 与 > 代替。

（7）函数名均以@开头。

（8）每行允许写多条语句，语句可以跨行。

（9）LINGO 的模型以语句"MODEL:"开头，以"END"结束，对于比较简单的模型，这两个语句可以省略。

下面是 LINGO 中的常用函数：

@ abs（x）	求 x 的绝对值函数
@ sin（x）	正弦函数
@ cos（x）	余弦函数
@ tan（x）	正切函数
@ exp（x）	指数函数，即 e^x
@ log（x）	自然对数函数
@ sign（x）	符号函数，若设 $y = sign（x）$，那么，当 $x < 0$ 时 $y = -1$；当 $x = 0$ 时 $y = 0$；当 $x > 0$ 时 $y = 1$
@ floor（x）	取整函数，当 $x >= 0$ 时，取不超过 x 的最大整数；当 $x < 0$ 时，取不小于 x 的最大整数
@ smax（x1, x2, …, xn）	求 $x_1, x_2, …, x_n$ 中的最大者
@ smin（x1, x2, …, xn）	求 $x_1, x_2, …, x_n$ 中的最小者
@ bnd（L, x, U）	限制 x 为：$L \leq x \leq U$
@ gin（x）	限制 x 为整数
@ bin（x）	限制 x 为 0 或 1
@ free（x）	取消对变量 x 的默认下界为 0 的限制，即 x 可以取任意实数

启动 LINGO 后，会得到如图 1 – 9 所示窗口，外层是主框架窗口，包含了所有菜单命令和工具条，其他所有窗口均被包含在主窗口之下。在主窗口内标题为"LINGO Model – LINGO1"的窗口称为模型窗口（通常称 LINGO 程序为"模型"），用于输入模型。

我们用 LINGO 求解本章例 2，在 Model 窗口内输入如下模型：

$$max = 13 * x1 + 3 * x2 + 4 * x3 - x1^2 - （1/3） * x1 * x2 - x2^2 - x3^2;$$
$$300 * x1 + 350 * x2 + 600 * x3 < = 1800;$$
$$500 * x1 + 800 * x2 + 400 * x3 < = 2950;$$
$$end$$

单击"求解"按钮（或选菜单命令 Lingo \ Solve），如果语法通过，LINGO 用内部所带的求解程序求出模型的解，然后弹出"LINGO Solver Status"

（求解状态）窗口，点击 Close 关闭该窗口，屏幕上出现"Solution Report"（解的报告）信息窗口，显示优化计算的结果如下：

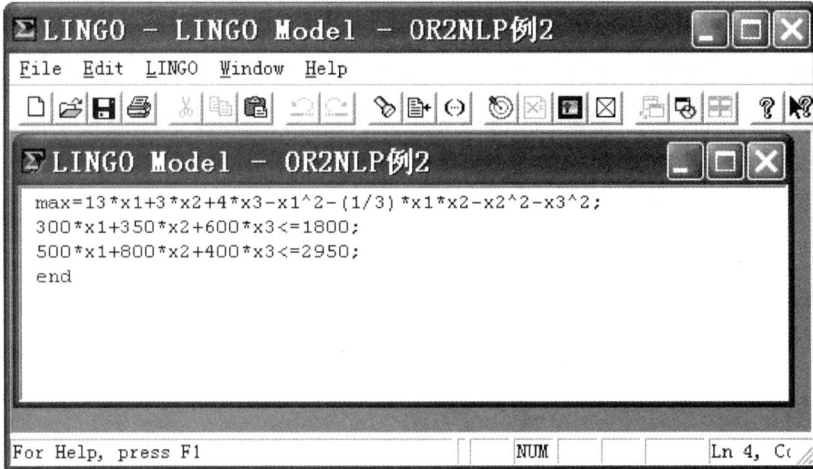

```
Σ LINGO - LINGO Model - OR2NLP例2                    _ □ ×
File  Edit  LINGO  Window  Help

 □ ☞ ◪ ⧆  | ✂ ⧆ ⧆ | ⟲ ⟳ | ✎ ▣ ⊙ | ⟳ ⊠ ▣ ⊠ | ⧉ ⧉ ⊞ | ？ ▶

 Σ LINGO Model - OR2NLP例2                            _ □ ×
 max=13*x1+3*x2+4*x3-x1^2-(1/3)*x1*x2-x2^2-x3^2;
 300*x1+350*x2+600*x3<=1800;
 500*x1+800*x2+400*x3<=2950;
 end




For Help, press F1                          │NUM    │Ln 4, Cc
```

图 1-9

Local optimal solution found at iteration：   40
Objective value：   42. 20000

Variable	Value	Reduced Cost
X1	5. 599999	0. 3283448E − 07
X2	0. 000000	0. 9666654
X3	0. 2000005	0. 000000

Row	Slack or Surplus	Dual Price
1	42. 20000	1. 000000
2	0. 000000	0. 5999998E − 02
3	70. 00032	0. 000000

　　该报告说明：算法在进行 40 次迭代后得到局部最优解（实际上它同时也是一个全局最优解，因为例 2 是一个凸规划），目标函数值为 42.2，自变量值分别为 $x_1 = 5.6$，$x_2 = 0$，$x_3 = 0.2$。此外，Reduced Cost 是缩减成本（最优解中非零变量的 Reduced Cost 取零值），Slack or Surplus 表示各行的松弛或剩余，

Dual Price 表示各行的影子价格。

为了将输入的模型存盘，可选菜单命令 File \ Save As，默认文件格式的扩展名为 . lg4。这是一种特殊的二进制格式文件，只有 LINGO 能读出它。计算结果可保存到扩展名为 . lgr 的文件中，也可以通过打印机打印出来。

例 11　解下列非线性规划：

$$\min f(X) = \frac{9 - 6x_2 + 2x_1^2 - 2x_1 x_2 + 2x_2^2 + 4x_3^2}{6 + x_1 + 2x_2 - x_3 - x_1^2 + 2x_1 x_2 + x_2^2}$$

s. t.
$$-3x_1 + x_2 - 2x_3 \leqslant 1$$
$$x_1 + x_2 + 5x_3 \leqslant 2$$
$$2x_1 + x_2 - 3x_3 \leqslant 6$$
$$x_1^2 + 2x_1 x_2 + x_3^4 \leqslant 3$$
$$4\mathrm{e}^{x_1^2 x_3} + x_2^6 + 3x_1 x_2 \geqslant 8$$
$$x_1, x_2, x_3 \geqslant 0$$
$$x_3 \text{ 为整数}$$

LINGO 模型为

```
min = (9 - 6 * x2 + 2 * x1^2 - 2 * x1 * x2 + 2 * x2^2 + 4 * x3^2) / (6 + x1 + 2
    * x2 - x3 - x1^2 + 2 * x1 * x2 + x2^2);
 - 3 * x1 + x2 - 2 * x3 < =1;
x1 + x2 + 5 * x3 < =2;
2 * x1 + x2 - 3 * x3 < =6;
x1^2 + 2 * x1 * x2 + x3^4 < =3;
4 * @ exp (x1^2 * x3) + x2^6 + 3 * x1 * x2 > =8;
@ gin (x3);
end
```

计算机求解后的结果为

Global optimal solution found at iteration：　　　　601
Objective value：　　　　0. 2673378

Variable	Value	Reduced Cost
X2	1. 561366	0. 000000
X1	0. 4386341	− 0. 6390636E − 08
X3	0. 000000	0. 8687003

Row	Slack or Surplus	Dual Price
1	0.2673378	- 1.000000
2	2.315902	0.000000
3	0.000000	0.1696823
4	3.561366	0.000000
5	1.437863	0.000000
6	12.54326	0.000000

对于一些复杂的非线性规划，迭代算法求解的结果往往依赖于初始点的选取。若初始点接近最优解，会大大减少程序的运行时间；若初始点远离最优解，则会大量增加计算时间，甚至不能收敛到最优解。为了给变量设置初始值，可以在程序中增加初始化段。初始化段以语句"INIT:"开始，以语句"ENDINIT"结束。

例 12　解非线性规划

$$\min f\ (X)\ = x_1^4 + x_2^4 - 14x_1^2 - 38x_2^2 - 24x_1 + 120x_2$$

$$\text{s. t.}\quad x_1^2 + x_2^2 - 18 \leqslant 0,\ -8 \leqslant x_1 \leqslant 8,\ -8 \leqslant x_2 \leqslant 8$$

解：选取初始点 $x_1 = -3$，$x_2 = 3$，输入如下 LINGO 模型：

```
Init:
x1, x2 = -3, 3;
endinit
min = x1^4 + x2^4 - 14 * x1^2 - 38 * x2^2 - 24 * x1 + 120 * x2;
x1^2 + x2^2 < = 18;
@bnd (-8, x1, 8); @bnd (-8, x2, 8);
@free (x1); @free (x2);! 申明 x1, x2 为自由变量;
end
```

程序运行后可得：$x_1 = -2$，$x_2 = 3$，$f = 107$，迭代总次数 $= 18$，这是局部最优解。

若选取初始点 $x_1 = 1$，$x_2 = 4$，则把模型的第二行改为"x_1，$x_2 = 1$，4；"，程序运行后可得 $x_1 = 3$，$x_2 = 3$，$f = -18$，迭代总次数 $= 15$，这也是局部最优解。

若选取初始点 $x_1 = 2$，$x_2 = -5$，并修改模型，程序运行后可得 $x_1 = 1.279362$，$x_2 = -4.045149$，$f = -890.4058$，迭代总次数 $= 13$，为此例全局

最优解。

2. LINGO 的集合语言

LINGO 建模语言引入了集合的概念，为建立大规模模型提供了方便。借助于集及其循环函数，可以用简洁的语句表达出常见规划模型中的目标函数和约束条件，即使模型有大量决策变量和大量数据，组成模型的语句并不随之增加。

集是一群相互联系的对象，这些对象也称为集的成员。LINGO 有两种类型的集：原始集和派生集。一个原始集是由一些最基本的对象组成的。一个派生集用一个或多个其他集（称为父集）来定义，也就是说，它的成员来自其他已存在的集。

在 LINGO 模型中使用集之前，必须在集部分事先定义。集部分以语句"SETS:"开始，以语句"ENDSETS"结束。

定义一个原始集的格式如下：

$$\text{setname } [/\text{member\_list}/] \ [: \text{attribute\_list}]; \qquad (1.27)$$

注意：用 [ ] 表示该部分内容可选，下同。

setname 是用来标记集的名字，最好具有较强的可读性。集名字必须符合标准命名规则。

member_list 是集成员列表，如果缺省，则可在随后的数据部分定义它们。（1.27）的最后一项是集成员的属性列表。

为了定义一个派生集，可在（1.27）中的 setname 后面插入内容：(parent_set_list)，即父集的列表。

在 LINGO 的模型中，经常会使用向量、矩阵等集合。比如要定义三个 5 维向量 c、x、b，一个 6×10 阶矩阵 A，其定义格式如下：

SETS:
Vector/1..5/:c,x,b;
Row/1..6/;
col/1..10/;
matrix(row,col):A;
ENDSETS

使用 LINGO 集合语言建模时，必须以"MODEL:"开始，以"END"结束。其中常包含下面几个部分，这几个部分的先后次序无关紧要。

（1）集合部分：以"SETS:"开始，以"ENDSETS"结束，其作用在于定义集合及其成员的属性。

（2）数据部分：以"DATA:"开始，以"ENDDATA"结束，其作用在于给出模型中的数据。

（3）目标与约束部分：其作用在于给出目标函数和约束条件，可充分利用 LINGO 的内部函数来生成。

（4）初始化部分：以"INIT:"开始，以"ENDINIT"结束，其作用在于给出决策变量的初始值。

在生成目标函数和约束条件时，可以使用 LINGO 集合语言中的五个函数 @ for、@ sum、@ prod、@ max、@ min，它们的使用格式为：

@ function（setname［（set_ index_ list）［｜conditional_ qualifier］］: expression_ list）;   (1.28)

其中，各项的意义分别为：函数名，集合名，集合索引列表，过滤条件（用来限制执行操作的范围），表达式（对@ for 可以是一组表达式）。下面是各函数的具体含义：

@ for（集合成员的循环函数）：对集合的每个满足过滤性条件的成员独立生成表达式，表达式由（1.28）的最后一项描述。

@ sum（集合成员的求和函数）：求集合的每个满足过滤性条件的成员生成的表达式之和，表达式的描述如前。

至此，读者不难理解其余三个函数的含义。下面用例子来作进一步的说明。

例 13 用 LINGO 集合语言描述下列非线性规划，然后上机求解。

$$\max f(x) = 2x_1 + 6x_2 + x_3 - x_4 + 3x_5 + 5x_6 - x_1^2 + 3x_2x_3$$

$$\text{s. t.} \quad 2x_1 + 3x_2 + 4x_3 + 5x_4 + 8x_5 - 2x_6 \leqslant 77$$
$$5x_1 + 4x_2 + 3x_3 + 2x_4 + 12x_5 + 3x_6 \leqslant 88$$
$$4x_1 + 5x_2 + 2x_3 + 3x_4 + 9x_5 + 4x_6 \leqslant 99$$
$$3x_1 + 5x_2 - 3x_3 + 7x_4 + 3x_5 + 14x_6 \leqslant 126$$
$$x_1, x_2, x_3, x_4, x_5, x_6 \geqslant 0$$

解：目标函数可写为 $f(X) = (2, 6, 1, -1, 3, 5) X - x_1^2 + 3x_2x_3$，约束条件可写成矩阵形式 $AX \leqslant b$，$X \geqslant 0$。其中，$X \in E^6$，A 为各不等式左边系数

组成的 4×6 阶矩阵，b 为各不等式右边项组成的 4 维向量。

用 LINGO 集合语言描述的模型为：

model：　　　　　！程序开始；

sets：　　　　　　！集合定义开始；

m/1..4/：b；　　！b 是 4 维向量；

n/1..6/：c，x；　！c 与 x 都是 6 维向量；

aa（m，n）：A；　！A 是 4 行 6 列矩阵；

endsets　　　　　！集合定义结束；

max = @ sum（n：c * x）− x（1）^2 + 3 * x（2）* x（3）；！对目标函数求极大，$c * x$ 用和函数 sum 来生成；

@ for（m（i）：@ sum（n（j）：A（i，j）* x（j））< = b（i））；！不等式组 $AX \le b$ 用循环与求和函数来生成；

data：　　　　　　！对上面已定义好的向量与矩阵，数据赋值开始；

C = 　2　　6　　1　　−1　　3　　5；

A = 　2　　3　　4　　5　　8　　−2

　　　5　　4　　3　　2　　12　　3

　　　4　　5　　2　　3　　9　　4

　　　3　　5　　−3　　7　　3　　14；

b = 　77　　88　　99　　126；

enddata　　　　　！数据赋值结束

end　　　　　　　！程序结束

程序运行后可得全局最优解：$x_1 = 0$，$x_2 = 12.519\ 61$，$x_3 = 10.787\ 04$，$x_4 = 0$，$x_5 = 0$，$x_6 = 1.853\ 486$，$f = 500.320\ 5$。

注意：若例 13 的 LINGO 横型中的目标函数行的最后一项改为"− x1^2 + 3 * x2 * x3；"则计算结果将出现错误。请读者思考其原因。

例 14　解非线性规划

$$\min f\ (X)\ =\ \sum_{i=1}^{19}\ \left[\ (1 - x\ (i))^2 + 100\ (x\ (i+1)\ - x^2\ (i))^2\right]$$

s. t.　$$\sum_{i=1}^{20} x\ (i)\ \le 18$$

$$x\ (i)\ \ge 0, i = 1, 2, \cdots, 20$$

对于此例，如果使用 LINGO 标量语言描述，不仅十分冗长，而且极易出错，但若用 LINGO 集合语言描述，将十分便捷。

解：我们有：

MODEL：

sets：

    n/1..19/；

    Vx/1..20/：x；

    Endsets

Min = @ sum（n（i）：（1 - x（i））^2 + 100 *（x（i+1）- x（i）^2）^2）；

@ sum（vx（j）：x（j））< = 18；

END

上机求解后可得最优解：$x_1 = 0.9984$，$x_2 = 0.9980$，$x_3 = 0.9978$，$x_4 = 0.9977$，$\cdots$，$x_{17} = 0.8289$，$x_{18} = 0.6887$，$x_{19} = 0.4749$，$x_{20} = 0.2232$，最优值 $f = 0.4218984$。

1.3.2 Microsoft Excel 的使用

由微软公司推出的 Excel for Windows 提供了十几个标准的加载宏，可用于解决特定的问题。其中的"规划求解"（Solver）加载宏可以求解线性规划、非线性规划以及混合整数规划。

下面介绍 Excel 中"规划求解"的使用。

设非线性规划（NLP）有 n 个变量，m 个"≤"不等式约束和 p 个等式约束。首先建立电子表格模型（工作表），具体步骤如下：

（1）把全部或部分数据输入到工作表中适当的范围。

（2）确定一些单元格（称为可变单元格）来代表决策变量，例如选取 A1：An。可变单元格中的数值表示决策变量的初始值。

（3）确定目标单元格（比方为 A（n+2））以输入目标函数的公式。

（4）在一些单元格（比方 B1：Bm 和 B（m+1）：B（m+p））分别输入约束条件左端的公式。

（5）在另一些单元格（比方 D1：Dm 和 D（m+1）：D（m+p））分别输入约束条件右端项（数字）。

有了电子表格模型（工作表，见图 1-10），可进入求解阶段。步骤如下：

（1）选取菜单栏中的“工具”，再选取“规划求解”[①] 以进入“规划求解参数”对话框（见图1－11）。

（2）在“规划求解参数”对话框中输入相应的参数。注意输入的约束条件为：

B1：Bm < = D1：Dm

B（m+1）：B（m+p） = D（m+1）：D（m+p）

（3）选取“选项”进入“规划求解选项”对话框以选定相关的项目，然后返回“规划求解参数”对话框。

（4）选择“求解”按钮。

为了使电子表格模型（工作表）及求解后的输入内容更具有可读性，用户可自行安排工作表的格式，并适当加入一些说明文字。下面以本章例2（生产计划问题）来说明。

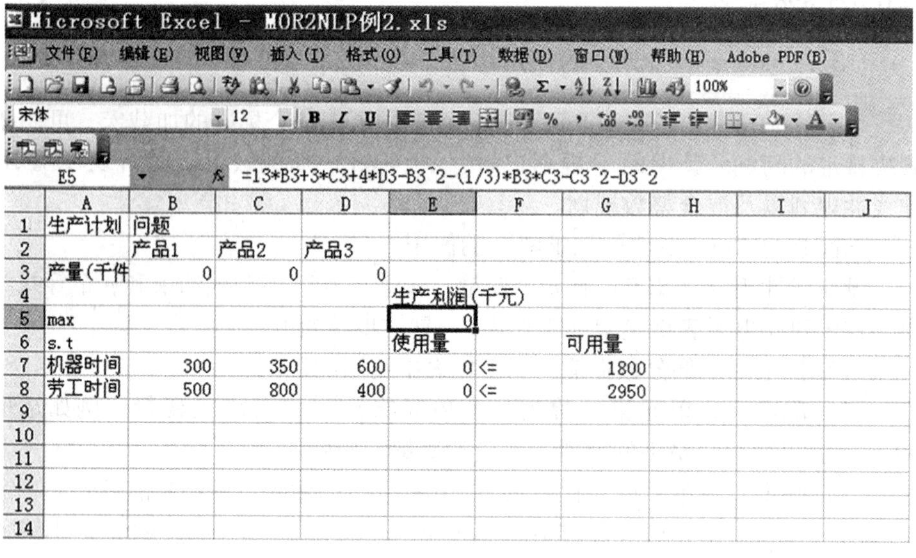

	A	B	C	D	E	F	G	H	I	J
1	生产计划	问题								
2		产品1	产品2	产品3						
3	产量(千件	0	0	0						
4					生产利润(千元)					
5	max				0					
6	s.t				使用量		可用量			
7	机器时间	300	350	600	0	<=	1800			
8	劳工时间	500	800	400	0	<=	2950			
9										
10										
11										
12										
13										
14										

图1－10

图1－10是例2的电子表格模型，其中可变单元格为B3：D3，分别代表

---

① 若“工具”菜单中没有“规划求解”项，可使用菜单命令“工具＼加载宏”，在“现用加载宏”窗体，打开“规划求解加载宏”，选择“确定”，就能在“工具”中安装“规划求解”项。

决策变量 x_1, x_2, x_3。

目标单元格为 E5，在 E5 中输入公式 $= 13 * B3 + 3 * C3 + 4 * D3 - B3\char`^2 - (1/3) * B3 * C3 - C3\char`^2 - D3\char`^2$。

为了输入约束条件，本例在 E7 中输入公式 = SUMPRODUCT（B7：D7，$ B3：$ D3）然后复制到 E8 内，这样 E8 中将含有公式 = SUMPRODUCT（B8：D8，$ B3：$ D3）。注意：$ 符号表示绝对地址，这里使用绝对地址是为了方便复制。

有了电子表格模型（工作表），按照上面所提到的步骤，进入"规划求解参数"对话框以输入相应的参数（注意输入时不用输入 $ 符号），图 1 – 11 为例 2 的参数。

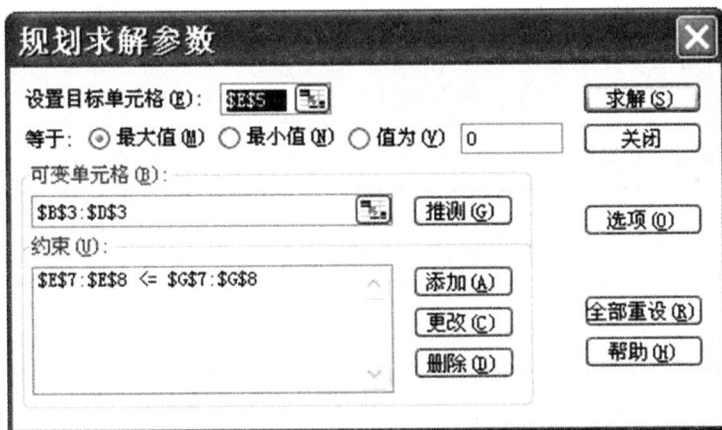

图 1 – 11

在"规划求解参数"对话框中点击"选项"，画面将显示"规划求解选项"对话框。选定"假定非负"后选择"确定"以返回"规划求解参数"对话框。点击"求解"，规划求解程序开始运算，运算结束时画面显示"规划求解结果"对话框（见图 1 – 12）。若选取"保存规划求解结果"，则图 1 – 10 的工作表中可变单元格 B3：D3 和目标单元格 E5 将分别显示最优解和最优值。

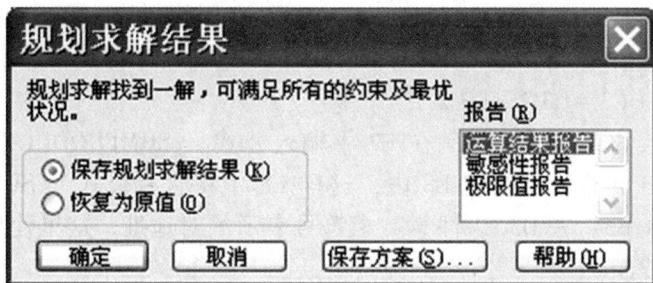

图 1 – 12

在图 1 – 12 中，"报告"窗体有三个选项。假定我们选定"运算结果报告"，并选择"确定"，就会在工作表标签中显示"运算结果报告 1"标签。在此标签上按鼠标左键，画面就会显示"运算结果报告"工作表（见图 1 – 13）。

目标单元格（最大值）

单元格	名字	初值	终值
$E$5	max 生产利润（千元）	0	42.2

可变单元格

单元格	名字	初值	终值
$B$3	产量（千件）产品 1	0	5.599999953
$C$3	产量（千件）产品 2	0	0
$D$3	产量（千件）产品 3	0	0.200000024

约束

单元格	名字	单元格值	公式	状态	型数值
$E$7	机器时间使用量	1800	$E$7 < = $G$7	到达限制值	0
$E$8	劳工时间使用量	2879.999986	$E$8 < = $G$8	未到限制值	70.00001412

图 1 – 13

1.4 应用举例

例15 选址问题

某公司有6个建筑工地要开工，工地的位置 (a_j, b_j)（单位：km）和水泥日用量 d_j（单位：t）由表1-5给出。公司欲新建两个存放水泥的场地（简称料场），日存储量各20t，假设从料场到工地之间均有直线道路相连。试确定新建料场的位置，并制定日运输计划（即从两个料场分别向各工地送多少水泥），使总的吨数·公里数最小。

表1-5 各工地的位置和水泥日需求量

工地		1	2	3	4	5	6
位	a_j	1.25	8.75	0.5	5.75	3.0	7.25
置	b_j	1.25	0.75	4.75	5.0	6.5	7.75
日用量 d_j		3	5	4	7	6	11

解：首先确定决策变量，设新建料场的位置为 (u_i, v_i)，$i = 1, 2$；从料场 i 向工地 j 的日运量为 x_{ij}，则不难看出数学模型为：

$$\min Z = \sum_{i=1}^{2} \sum_{j=1}^{6} x_{ij} \sqrt{(u_i - a_j)^2 + (v_i - b_j)^2}$$

$$\text{s. t.} \quad \sum_{j=1}^{6} x_{ij} \leqslant 20, \quad i = 1, 2$$

$$\sum_{i=1}^{2} x_{ij} = d_j, \quad j = 1, \cdots, 6$$

$$u_i, v_i, x_{ij} \geqslant 0, \quad i = 1, 2; j = 1, 2, \cdots, 6$$

这是非线性规划模型，在模型中代入 a_j, b_j, d_j 的已知值，可解出 u_i, v_i, x_{ij}。

上机求解结果为：目标函数最优值为85.266 06（吨·公里），新建料场1的位置为（3.255, 5.652），料场2为（7.25, 7.75），即料场2的位置与工地6是重合的。最优运输方案如表1-6所示。

表 1 − 6

工地		1	2	3	4	5	6	合计
运	料场 1	3	0	4	7	6	0	20
量	料场 2	0	5	0	0	0	11	16
合计		3	5	4	7	6	11	36

例 16　公共汽车公司最大产出问题[①]

一家公共汽车公司目前拥有 700 辆巴士和雇用 2 200 名员工。公司可以用每辆 25 000 美元的价格购买新巴士或以每辆 8 000 美元的低价卖掉旧巴士，每辆巴士的年维修费用为 1 000 美元。公司也可以雇用新员工或解雇旧员工，需要支付的费用为每人 1 000 美元和 800 美元。每名员工的年工资为 30 000 美元。燃油的价格为每千加仑 1 100 美元。公司规定每辆巴士至少配备 3 名员工且最多消耗 10 000 加仑燃油。经实际数据分析和拟合得知总行驶路程 S（单位：千英里）是公司拥有的巴士数（简记为 B）、雇用的员工数（简记为 W）和所消耗的燃油数（以千加仑为单位，简记为 F）的函数，并具有如下的 C − D 生产函数形式：

$$S = 10.8 B^{0.06} W^{0.32} F^{0.56}$$

公司希望全年支出费用不超过 8 000 万美元的预算，并使得总行驶路程为最大。

解：根据题意，确定如下决策变量：设 x_1 为购买的巴士数，x_2 为卖掉的旧巴士数，x_3 为新雇用员工数，x_4 为解雇的员工数，x_5 为每辆巴士所消耗的燃油数量（单位：千加仑）。则公司拥有的巴士数、员工数及所消耗的燃油数（千加仑）分别为 $(700 + x_1 - x_2)$、$(2\,200 + x_3 - x_4)$ 和 $(700 + x_1 - x_2) x_5$。因此总支出费用为：

$25\,000 x_1 + 1\,000 (700 + x_1 - x_2) + 1\,000 x_3 + 800 x_4 + 30\,000 (2\,200 + x_3 - x_4) + 1\,100 (700 + x_1 - x_2) x_5 - 8\,000 x_2$

[①]　本例素材取自 W. L. Winston 等人的著作 *Practical Management Science*，由本书作者翻译，原著没有讨论决策变量的整数性问题。

从而，我们有如下的数学模型：

$$\max S = 10.8\ (700 + x_1 - x_2)^{0.06}\ (2\,200 + x_3 - x_4)^{0.32}\ \left[\ (700 + x_1 - x_2)\ x_5\right]^{0.56}$$

s. t.　$25\,000x_1 + 1\,000\ (700 + x_1 - x_2)\ + 1\,000x_3 + 800x_4 + 30\,000\ (2\,200 + x_3 - x_4)\ + 1\,100\ (700 + x_1 - x_2)\ x_5 - 8\,000x_2 \leqslant 80\,000\,000$$

$$x_5 \leqslant 10$$

$$2\,200 + x_3 - x_4 \geqslant 3\ (700 + x_1 - x_2)$$

$$x_1, \cdots, x_5 \geqslant 0;\ x_1, x_2, x_3, x_4\ 为整数$$

由于求解整数非线性规划比一般非线性规划要困难得多，因此，对于数据取较大数值的整数非线性规划，通常先求解没有整数要求的问题，然后将计算结果四舍五入取整，一般也能得到较满意的结果。

下面是本例输入计算机求解的两个 LINGO 模型，第一个是完整模型，第二个则忽略了变量的整数性。

```
model：！整数非线性规划；
max = 10.8 *（700 + x1 - x2）^0.06 *（2200 + x3 - x4）^0.32 *（（700 + x1 - x2）* x5）^0.56；
25000 * x1 + 1000 *（700 + x1 - x2）+ 1000 * x3 + 800 * x4 + 30000 *（2200 + x3 - x4）+ 1100 *（700 + x1 - x2）* x5 - 8000 * x2 < = 80000000；
x5 < = 10；2200 + x3 - x4 > 3 *（700 + x1 - x2）；
@ gin（X1）；@ gin（X2）；@ gin（X3）；@ gin（X4）；
end
model：
max = 10.8 *（700 + x1 - x2）^0.06 *（2200 + x3 - x4）^0.32 *（（700 + x1 - x2）* x5）^0.56；
25000 * x1 + 1000 *（700 + x1 - x2）+ 1000 * x3 + 800 * x4 + 30000 *（2200 + x3 - x4）+ 1100 *（700 + x1 - x2）* x5 - 8000 * x2 < = 80000000；
x5 < = 10；2200 + x3 - x4 > 3 *（700 + x1 - x2）；
end
```

对于完整模型，求解结果为：$x_1 = 67$（辆），$x_2 = 0$，$x_3 = 101$（人），$x_4 = 0$（人），$x_5 = 9.988\,147$（千加仑），$S = 28\,676.21$（千英里），用完全部预算。对于第二个模型，求解结果为：$x_1 = 66.92 \approx 67$（辆），$x_2 = 0$，$x_3 = 100.77 \approx 101$（人），$x_4 = 0$（人），$x_5 = 10$（千加仑），$S = 28\,692.56$（千英里），也用完全部预算。两个模型的求解结果是相同的。

	A	B	C	D	E	F	G	H
1	公共汽车公司							
2	极大化C-D生产函数的输出							
3	假设输出函数的形式为							
4	总行程=a*(巴士数)^b*(员工数)^c*(燃料)^d		(单位:千英里)					
6	注意:燃料的单位为 千加仑							
8	生产函数的参数							
9		a	b	c	d			
10		10.8	0.06	0.32	0.56			
12	已有的巴士数	700						
13	已雇调的员工数	2200						
14	每辆巴士至少需配备员工数	3						
16	单位费用							
17	巴士	购买价	卖出价	维护费用				
18		$25,000	$8,000	$1,000				
20	员工	雇调费用	解雇费用	年工资				
21		$1,000	$800	$30,000				
23	燃料	$1,100						
25	决策变量	购买巴士数	卖出巴士数	雇调员工数	解雇员工数	每辆巴士所耗燃料		
26		0	0	0	0	0		
27					<=			
28					max燃料/每辆巴士	10		
29	生产函数的输入							
30		巴士数	员工数	燃料数				
31		700	2200	0				
32		>=						
33		所需员工数	2100					
35	费用信息							
36	巴士	购买费	卖出费	维护费				
37		$0	$0	$700,000				
39	员工	雇调费	解雇费	工资				
40		$0	$0	$66,000,000				
42	燃料	$0						
43				预算				
44	总费用	$66,700,000	<=	$80,000,000				
46	总行程	0						

图 1 - 14

图 1 - 14 和图 1 - 15 分别是例 16 在 Excel 中的电子表格模型（工作表）和在"规划求解参数"对话框中的参数输入画面。建议读者把工作表中没有显示的内容补充完整后上机求解。

在一些应用问题中，经常会遇到分段函数，例如，价格是分段函数，费用是分段函数，等等。在 LINGO 中提供了一些很有用的辅助函数，其中的@IF 函数可以用来建立分段函数。@IF 函数的使用与逻辑表达式的概念有关，下面先介绍后者。

图 1 – 15

除了算术运算符和关系运算符以外，LINGO 中还有逻辑运算符，共有 9 个，如表 1 – 7 所示。除了#NOT#（逻辑非）是单目运算符之外，其余都是双目运算符，需要两个运算对象，中间用逻辑运算符连接起来，构成逻辑表达式。逻辑表达式的值只有两种：真（TRUE）或假（FALSE），假等同于数值 0，而所有非零值都是真。

表 1 – 7　逻辑运算符及其作用

分类	运算符	作用
运算对象是两个数	#EQ#	两个运算对象相等时为真，否则为假。
	#NE#	两个运算对象不相等时为真，否则为假。
	#GT#	左边大于右边时为真，否则为假。
	#GE#	左边大于或等于右边时为真，否则为假。
	#LT#	左边小于右边时为真，否则为假。
	#LE#	左边小于或等于右边时为真，否则为假。
运算对象是逻辑值或逻辑表达式	#NOT#	单目运算符，表示对运算对象取反，即真变成假，假变成真。
	#AND#	两个运算对象都真时为真，否则为假。
	#OR#	两个运算对象都假时为假，否则为真。

@IF 函数的使用格式为:

@IF (逻辑表达式, 表达式为真时的值, 表达式为假时的值)

例如, 用@IF 函数来表示分段函数

$$f(x) = \begin{cases} 2x, & x \leqslant 1 \\ 1+x, & x > 1 \end{cases}$$

则可以写成

$f = @IF(x\#LE\#1, 2*x, 1+x);$

如果, 分段函数分成三段或三段以上, 可以嵌套使用@IF 函数。

例 17　采购加工计划安排问题 (@IF 函数的应用)

某企业用 A、B 两种原油混合加工成甲、乙两种成品油销售, 数据如表 1-8 所示, 表中百分比是成品油中原油 A 的最低含量。

表 1-8

	甲	乙	现有库存量	最大采购量
A	≥50%	≥60%	500	1 650
B			800	1 200

成品油甲和乙的销售价与加工费之差分别为 5 和 5.6 (单位: 千元/吨), 原油 A、B 的采购价分别是采购量 x (单位: 吨) 的分段函数 $f(x)$ 和 $g(x)$ (单位: 千元/吨), 该企业的现有资金限额为 7 200 (千元), 生产成品油乙的最大能力为 2 000 吨。假定成品油全部能销售出去, 试在充分利用现有资金和现有库存的条件下, 合理安排采购和生产计划, 使企业收益最大。

$$f(x) = \begin{cases} 4x, & 0 \leqslant x \leqslant 500 \\ 500+3x, & 500 < x \leqslant 1\ 000 \\ 1\ 500+2x, & x > 1\ 000 \end{cases} \quad g(x) = \begin{cases} 3.2x, & 0 \leqslant x \leqslant 400 \\ 240+2.6x, & 400 < x \leqslant 800 \\ 880+1.8x, & x > 800 \end{cases}$$

解：设原油 A、B 的采购量分别为 x、y，原油 A 用于生产成品油甲、乙的数量分别为 x_{11} 和 x_{12}，原油 B 用于生产成品油甲、乙的数量分别为 x_{21} 和 x_{22}。

易见，成品油甲和乙的产量分别为 $(x_{11}+x_{21})$ 和 $(x_{12}+x_{22})$，由表 1-8 有：$x_{11}\geq0.5(x_{11}+x_{21})$ 和 $x_{12}\geq0.6(x_{12}+x_{22})$，化简后得 $x_{11}\geq x_{21}$ 和 $x_{12}\geq1.5x_{22}$，再考虑各限制条件，我们有如下非线性规划模型：

$$\max Z=5(x_{11}+x_{21})+5.6(x_{12}+x_{22})-f(x)-g(y)$$
$$\text{s. t.}\quad x_{11}+x_{12}\leq x+500$$
$$x_{21}+x_{22}\leq y+800$$
$$x_{11}\geq x_{21},\ x_{12}\geq1.5x_{22}$$
$$f(x)+g(y)\leq7\,200$$
$$x\leq1\,650,\ y\leq1\,200$$
$$x_{12}+x_{22}\leq2\,000$$
$$x,\ y,\ x_{11},\ x_{12},\ x_{21},\ x_{22}\geq0$$

模型中的 $f(x)$ 和 $g(y)$ 是分段函数，可以用 @ IF 函数来解决。输入计算机的 LINGO 模型如下：

Model：
max = 5 * x11 + 5 * x21 + 5.6 * x12 + 5.6 * x22 - f - g；
x11 + x12 - x < = 500；
x21 + x22 - y < = 800；
x11 - x21 > = 0；x12 - 1.5 * x22 > = 0；! 含量比例约束；
f = @ if（x#LE#500，4 * x，@ if（x#LE#1000，500 + 3 * X，1500 + 2 * x））；
g = @ if（y#LE#400，3.2 * y，@ if（y#LE#800，240 + 2.6 * y，880 + 1.8 * y））；! 用 @ IF 函数计算采购费用；
f + g < = 7200；
x < = 1650；y < = 1200；
x12 + x22 < = 2000；
End

求解后的结果为：$x=1\,600$，$y=900$，$x_{11}=900$，$x_{12}=1\,200$，$x_{21}=900$，$x_{22}=800$，$f=4\,700$，$g=2\,500$，$z=13\,000$。即采购 1 600 吨原油 A，900 吨原油 B；使用 900 吨 A 和 900 吨 B 加工合成 1 800 吨成品油甲，使用 1 200 吨 A

和 800 吨 B 加工合成 2 000 吨成品油乙，企业可获得最大收益 1 300 万元。

例 18　带有约束的存储模型

一家工厂是生产某种设备的专业厂家，共有 5 种物资需要从别处订购，其供应和存储模式为确定性、瞬时补充、均匀消耗和不允许缺货模型，设该厂的最大库容量（W_T）为 1 500m³，一次进货费用占流动资金的上限（J）为 40 万元，订货费（C_D）为 1 000 元。5 种物资的年需求量、物资单价、存储费用和单位占用库存容量如表 1 - 9 所示。试为该工厂制定最佳的订货策略，即各种物资的年订货次数、订货量和总的存储费用是多少？

表 1 - 9　物资需求单价、存储费用和单位占用库存容量

物资 i	年需求量 D_i/件	单价 C_i（元/件）	存储费 C_{ci}/（元/件·年）	单位物资占用库存容量 w_i/m³·件
1	600	300	60	1.0
2	900	1 000	200	1.5
3	2 400	500	100	0.5
4	12 000	500	100	2.0
5	18 000	100	20	1.0

解：设 Q_i 和 N_i（$i=1$，…，5）分别是第 i 种物资每次订货的批量和年订货次数。根据 EOQ 模型，对于第 i 种物资，当每次的订货量为 Q_i 时，年平均费用为（$1/2$）$C_{ci}Q_i+C_DD_i/Q_i$，因此，相应的优化模型为

$$\min C = \sum_{i=1}^{5}\left[\frac{1}{2}C_{ci}Q_i+C_DD_i/Q_i\right]$$

$$\text{s. t.}\quad \sum_{i=1}^{5}C_iQ_i\leqslant J$$

$$\sum_{i=1}^{5}w_iQ_i\leqslant W_T$$

$$N_i=D_i/Q_i,\ i=1,\ \cdots,\ 5$$

$$Q_i\geqslant 0,\ N_i\geqslant 0\ 且为整数，\ i=1,\ \cdots,\ 5$$

该模型为非线性规划模型，下面是用 LINGO 集合语言描述的程序：

```
model：
sets：
m/1..5/：Cc，D，C，w，Q，N；
endsets
data：
Cd = 1000；
D = 600，900，2400，12000，18000；
C = 300，1000，500，500，100；
Cc = 60，200，100，100，20；
w = 1.0，1.5，0.5，2.0，1.0；
J = 400000；
WT = 1500；
enddata
min = @ sum（m：0.5 * Cc * Q + Cd * D/Q）；
@ sum（m：C * Q）< = J；
@ sum（m：w * Q）< = WT；
@ for（m：N = D/Q；@ gin（N））；
end
```

上机求解结果如下：总费用为 142 272.8 元，购货资金还余 7 271.694 元，库存容量余 4.035 621m³，其余结果如表 1 – 10 所示。

表 1 – 10

物资 i	每次订货量 Q_i	年订货次数 N_i	物资 i	每次订货量 Q_i	年订货次数 N_i
1	85.714 29	7	5	300.000 0	40
2	69.230 77	13	6	620.689 7	29
3	171.428 6	14			

本章小结

非线性规划是研究目标函数或（和）约束条件含有决策变量非线性表达式的规划问题的学科，它是运筹学的一个重要分支。本章介绍了非线性规划的数学模型、基本概念、图解法以及最优性条件（包括著名的 K – T 条件），介绍了在非线性优化中起着重要作用的凸分析及其推广，并对非线性规划的求解方法作了概述。同时给出了若干有代表性的应用例子。

实际问题形成的非线性规划模型都必须使用计算机求解。本章详细介绍了使用专业软件 LINGO 和 Excel 中的"规划求解"求解非线性规划问题的步骤和结果。

练习题

1. 使用 LINGO 或 Excel 的"规划求解"解本章例 4、例 5 和例 7。

2. 证明例 10 是凸规划问题。

3. 讨论函数 $f(x) = x^3$（$-\infty < x < +\infty$）的凸性与广义凸性。

4. 用 K–T 条件检验本章例 6 的软件求解结果。

5. 解下列非线性规划

$$\min f(x_1, x_2) = 4x_1^2 - 2.1x_1^4 + x_1^6/3 + x_1 x_2 - 4x_2^2 + 4x_2^4$$
$$\text{s. t.} \quad -5 \leqslant x_1, \ x_2 \leqslant 5$$

6. 已知两曲线：$C1$：$y = x^2 + 5$ 与 $C2$：$y = 2\sin x$ 无交点，试求 $C1$ 与 $C2$ 之间的最短距离。

7. 某食品加工厂需要两种主要的原材料（A 和 B）加工生产成甲和乙两种食品，甲和乙两种食品需要原料 A 的最低比例分别为 50% 和 60%，每吨售价分别为 6 000 元和 7 000 元。该厂现有原材料 A 和 B 的库存量分别为 500t 和 1 000t，因生产的需要，现拟从市场上购买不超过 1 500t 的原材料 A，其市场价格为：购买量不超过 500t 时单价为 10 000 元/t，超过 500t 但不超过 1 000t 时，超过 500t 的部分单价为 8 000 元/t；购买量超过 1 000t 时，超过 1 000t 的部分单价为 6 000 元/t。生产加工费用均为 500 元/t。问：该厂应如何安排采购和加工计划，使得总利润最大？

8. 假设在本章例 18 中，供应和存储模式为确定性、瞬时补充、均匀消耗和允许缺货模型，试为该工厂制定最佳的订货策略。

2 多属性决策分析

本章要求
- ☐ 掌握多属性决策问题的一般形式
- ☐ 掌握定性指标、定量指标的量化和转换方法
- ☐ 了解和掌握基数型多属性决策方法
- ☐ 了解和掌握序数型多属性决策方法

多属性决策也称有限方案多目标决策，普遍应用于工程、社会和经济等领域。由于在各领域中有着深刻的理论意义和广泛的实际应用背景，多属性决策问题的研究始终是人们关注的重要课题，主要包括基数型多属性决策和序数型多属性决策。

多属性决策和多目标决策有着密切的关系。多目标决策方法是从 20 世纪 70 年代中期发展起来的一种决策分析方法，是在系统规划、设计和制造等阶段为解决当前或未来可能发生的问题，在若干可选的方案中选择和决定最佳方案的一种分析过程。系统方案的选择取决于多个目标的满足程度，这类决策问题称为多目标决策，或称多目标最优化；反之，系统方案的选择若仅取决于单个目标，则称这类决策问题为单目标决策，或称单目标最优化。单目标决策即只有一个决策目标的决策。在社会经济系统的研究控制过程中我们所面临的系统决策问题常常是多目标的，例如我们在研究生产过程的组织决策时，既要考虑生产系统的产量最大，又要使产品质量高、生产成本低等。这些目标之间相互矛盾和作用，使决策过程相当复杂，决策者常常很难轻易作出决策。这类具有多个目标的决策就是多目标决策。多目标决策方法现已广泛地应用于工艺过程、工艺设计、配方配比、水资源利用、能源、环境、人口、教育、经济管理等领域。因此，多属性决策也是多目标决策，只是其目标方案有限，多目标决策也一定是多属性的决策，因为只有多属性才有多目标的可能，单属性不可能形成多目标。

2.1　多属性决策基本概念与数据整理技术

2.1.1　多属性决策问题及其解的形式

设有一组可能的方案 A_1，A_2，$\cdots$，A_m，需要考察的属性记为 C_1，C_2，$\ldots$，C_n。各属性的重要程度即权值用 w_1，w_2，$\ldots$，w_n 表示，$w_j \geqslant 0$，$\forall j$，且符合归一化条件 $w_1 + w_2 + \cdots + w_n = 1$。将决策后果即方案的属性值记为 x_{ij}，$i = 1$，$\cdots$，m；$j = 1$，$\cdots$，n。旨在找出其中的最优方案，记为 $A_{\max}$。

上述多属性决策问题可以列成表 2 – 1 所示的决策矩阵：

表 2 – 1　多属性的决策矩阵

属性（权值）　　方案	c_1（w_1）	c_2（w_2）	$\cdots$	c_n（w_n）
a_1	x_{11}	x_{12}	$\cdots$	x_{1n}
a_2	x_{21}	x_{22}	$\cdots$	x_{2n}
$\vdots$	$\vdots$	$\vdots$	$\vdots$	$\vdots$
a_m	x_{m1}	x_{m2}	$\cdots$	x_{mn}

在多属性决策问题中，由于属性指标之间的相互矛盾与制衡，因而不存在通常意义下的最优解。取而代之的是有效解（也称非劣解）、满意解、优先解、理想解、反理想解和折衷解，它们被分别定义如下：

（1）有效解（efficient solution）：不被任何其他可行解所支配的可行解被称为有效解。这里所谓的"支配"应理解为在所有属性上得到的结果都不比对方差，而且至少在一个属性上得到的结果比对方好。

（2）满意解（satisficing solution）：在所有属性上都能满足决策者要求的可行解被称为满意解。显然，满意解可以不是有效解。

（3）优先解（preferred solution）：最能满足决策者指定条件的有效解被称为优先解。

（4）理想解（ideal solution）：由各属性在现有方案中可能具有的最好结果组合而成的解被称为理想解。一般来说，理想解是不存在的。否则，理想解必是最优解，决策分析便不复存在。其数学表达式为：

$$A^+ = （c_1^+, \cdots c_j^+, \cdots c_n^+）\tag{2.1}$$

式中

$$c_j^+ = \max_i U_j(x_{ij}), \quad j = 1, 2 \cdots, n \qquad (2.2)$$

这里的 $U_j(x_{ij})$ 表示第 i 个方案在第 j 个属性上基于 x_{ij} 的效用函数值。理想解的概念在多属性决策的理论和实践中都有着重要的意义，关于多属性决策的折衷模型及算法便是以它为基础建立起来的。

（5）反理想解（anti-ideal solution）：由各属性在现有方案中可能具有的最坏结果组合而成的解被称为反理想解。一般来说，反理想解也是不存在的。否则，它必可作为劣解而被淘汰。其数学表示式为：

$$A^- = (c_1^-, \cdots c_j^-, \cdots c_n^-) \qquad (2.3)$$

式中

$$c_j^- = \min_i U_j(x_{ij}), \quad j = 1, 2 \cdots, n \qquad (2.4)$$

与理想解一样，反理想解也是折衷算法的参照基准之一。

（6）折衷解（compromise solution）：距离理想解最近，或距离反理想解最远，或以某种方式将二者结合在一起的可行解被称为折衷解。在一般情形下，这三种折衷解给出的结果并不总是一致的，决策者应根据具体情况进行考虑。

2.1.2　属性指标的量化与转换

在对决策方案的属性值进行综合运算之前，首先要解决下面的两个问题：

1. 定性指标的量化

在多属性决策问题中，方案的属性值通常有定量和定性两种不同的表示形式。为了便于对属性值进行必要的数学处理，普遍采用 MacCrimmon 提出的双向比例标尺（bipolar scaling）将定性指标转换为定量指标，其标尺形式如图 2－1 所示。

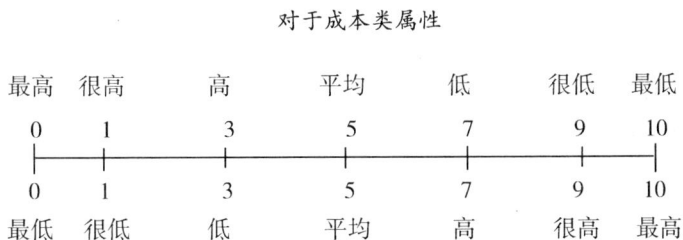

对于成本类属性

最高	很高	高	平均	低	很低	最低
0	1	3	5	7	9	10

0	1	3	5	7	9	10
最低	很低	低	平均	高	很高	最高

对于收益类属性

图 2－1　定性指标的定量转换方法

上面的标度方法为 7 个等级，有时还有其他标度方法，如 3 级、5 级和 9 级标度方法。

2. 属性值的规范化处理

由于不同属性的量纲通常是不同的，而且，即使是同一量纲的属性值在大小上也相差悬殊，因而不同属性之间便少有或没有可比性。所谓属性值的规范化处理就是要消除量纲的影响，并将所有数值的大小全部统一到单位区间内，这样才有比较的基础。虽然不是所有多属性决策方法都要求属性值规范化，但对于一大类基数型决策方法来说，如常见的极大—极大型（maxmax，也叫乐观）决策、极大—极小型（maxmin，也叫悲观）决策、赫威斯型（Hurwicz，也叫折衷）决策和简单加权平均型（等同期望值）决策等，这一步骤却是必须的。

在多属性决策分析中，最常用的数据规范化方法主要有以下两种。

（1）向量法：该方法的数值转换公式为

$$r_{ij} = \frac{x_{ij}}{\sqrt{\sum_{i=1}^{m} x_{ij}^2}} \tag{2.5}$$

其特点是同一属性的所有数值都具有相同的矢量单元，但不同属性的测量尺度并不相等。

（2）比例法：该方法对于不同类型的属性值采用不同的转换方式。对于越大越优型指标，这类指标通常为收益类属性值，其转换公式为

$$r_{ij} = \frac{x_{ij}}{x_j^{max}} \tag{2.6a}$$

或

$$r_{ij} = \frac{x_{ij} - x_j^{min}}{x_j^{max} - x_j^{min}} \tag{2.6b}$$

或

$$r_{ij} = \frac{x_{ij} - x_j^{min}}{x_j^{max} - x_j^{min}} \times 0.5 + 0.5 \tag{2.6c}$$

而对于越小越优型指标，这类指标通常为成本类属性值，其转换公式为

$$r_{ij} = \frac{x_j^{min}}{x_{ij}} \tag{2.7a}$$

或

$$r_{ij} = \frac{x_j^{max} - x_{ij}}{x_j^{max} - x_j^{min}} \tag{2.7b}$$

或

$$r_{ij} = \frac{x_j^{max} - x_{ij}}{x_j^{max} - x_j^{min}} \times 0.5 + 0.5 \tag{2.7c}$$

式中 $x_j^{max} = max \{x_{1j}, x_{2j}, \cdots, x_{mj}\}$，$x_j^{min} = min \{x_{1j}, x_{2j}, \cdots, x_{mj}\}$。

属性值经过规范化处理之后的决策矩阵称为规范矩阵。很明显，不同的转换处理方式对最终决策结果的敏感性是不一样的。用式（2.6c）和（2.7c）转化处理，最终的计算结果的敏感性是比较差的。

2.1.3　属性权值的比较与分配

在多属性决策问题中，相对于决策者来说，不同属性的重要程度往往是不一样的。因此，在进行多属性决策分析之前，应首先确定每一属性的权值。常用的权值确定方法主要有两类：第一类是基于决策者自身认识和经验的主观比较法，第二类是基于属性值特征的客观分析法。前者适用于决策矩阵未知的情况，后者适用于决策矩阵已知的情况。这两类方法中最具代表性的是判断矩阵法和熵法。判断矩阵法在层次分析法（analysis of hierarchy process，AHP）中有详细的介绍，在求解权值时可以用算术平均法、几何平均法、特征向量法、最小二乘法。几种方法得到的结果相差不大。这里就不再作介绍，下面介绍熵法。

熵是社会科学和物理科学中的一个重要概念，它在信息理论中被作为不确定性和信息量的量度而由 Shannon 定义为：

$$S (p_1, p_2, \cdots, p_n) = -k \sum_{j=1}^{n} p_j \ln (p_j) \tag{2.8}$$

式中 k 是一个正的常数，p_j 是一个离散的概率分布。沿用统计力学的术语，上式被称为概率分布 p_j 的熵。并认为一个宽广的分布比一个狭窄的分布表现出更多的不确定性，而当所有的 p_j 都互相相等时，即 $p_j = 1/n$，$\forall j$，则 S $(p_1, p_2 \cdots, p_n)$ 达到它的最大值。

决策矩阵显然是一种信息的载体，故熵的概念也可作为评价属性相对重要程度的一个工具。其基本原理可以解释为：就某一属性来说，如果不同策略在这一属性上的表现相当接近，则该属性的作用便不很突出；进而言之，如果所有策略在这一属性上的表现完全相同，则该属性对于方案的比较而言便没有意义而可以被剔除。故属性指标间的差异越大，则提供的信息越多，该属性也就显得越重要。反之，如果属性指标没有差异，则在决策过程中考虑该指标也就没有任何实际意义，形成了一种沉淀信息。

在含有 m 个方案和 n 个属性的决策矩阵中，属性 c_j 上的后果值 x_{ij} 关于方案 a_i 的射影分量 p_{ij} 被定义为

$$p_{ij} = \frac{x_{ij}}{\sum_{i=1}^{m} x_{ij}}, \quad \forall i, j \tag{2.9}$$

该射影集合的熵 E_j 可按下面的公式计算：

$$E_j = -k \sum_{i=1}^{m} p_{ij} \ln (p_{ij}) \tag{2.10}$$

式中 $k = 1/\ln (m)$，以保证 $0 \le E_j \le 1$。由于权重 w_j 与熵 E_j 的大小关系是相反的，故采用

$$d_j = 1 - E_j, \quad \forall j \tag{2.11}$$

来代替 E_j，并使之归一化以保证 $0 \le w_j \le 1$ 和 $w_1 + w_2 + \cdots + w_n = 1$。如果决策者没有其他理由偏重于某些或某个特定的属性，则此种情况下最合理的权值分配应该是：

$$w_j = \frac{d_j}{\sum_{j=1}^{n} d_j}, \quad \forall j \tag{2.12}$$

如果决策者主观上对属性 j 已经有一个先验权值 w_j^0，则可以将两者结合起来形成一个新的权值，或称为后验权值 $\overline{w}_j$。其结合方式为：

$$\overline{w}_j = \frac{w_j^0 w_j}{\sum_{j=1}^{n} w_j^0 w_j}, \quad \forall j \tag{2.13}$$

例 1　设决策矩阵给定为：

$$D = \begin{bmatrix} 6 & 30 & 56 & 6 & 170 \\ 2 & 160 & 50 & 50 & 172 \\ 4 & 112 & 48 & 18 & 176 \end{bmatrix}$$

则　　$[p_{ij}] = \begin{bmatrix} 0.5 & 0.099 & 0.364 & 0.081 & 0.328 \\ 0.167 & 0.530 & 0.325 & 0.676 & 0.332 \\ 0.333 & 0.371 & 0.312 & 0.243 & 0.340 \end{bmatrix}$

而属性 j 的熵 E_j 和权重 w_j 的计算结果见表 2-2。

表 2-2　熵 E_j 和权重 w_j 计算结果

	C_1	C_2	C_3	C_4	C_5
E_j	0.921	0.850	0.998	0.740	1
w_j	0.161	0.305	0.004	0.529	0

如果决策者事先对各指标有特定的偏好，即有先验权值

$$w_j^0 = (0.2, 0.2, 0.1, 0.4, 0.1)^T$$

则综合后的权向量为：$\overline{w} = (0.106, 0.2, 0.0013, 0.693, 0)^T$

Microsoft Excel - 运筹学书.xls

文件(F) 编辑(E) 视图(V) 插入(I) 格式(O) 工具(T) 数据(D) 窗口(W) 帮助(H)

F28

	A	B	C	D	E	F	G
1		C1	C2	C3	C4	C5	
2	A1	6	30	56	6	170	
3	A2	2	160	50	50	172	
4	A3	4	112	48	18	176	
5	求和	=SUM(B2:B4)	=SUM(C2:C4)	=SUM(D2:D4)	=SUM(E2:E4)	=SUM(F2:F4)	
6							
7		P1	P2	P3	P4	P5	
8	A1	=B2/\$B\$5	=C2/\$C\$5	=D2/\$D\$5	=E2/\$E\$5	=F2/\$F\$5	
9	A2	=B3/\$B\$5	=C3/\$C\$5	=D3/\$D\$5	=E3/\$E\$5	=F3/\$F\$5	
10	A3	=B4/\$B\$5	=C4/\$C\$5	=D4/\$D\$5	=E4/\$E\$5	=F4/\$F\$5	
11							
12		1	2	3	4	5	
13	E	=-1/LN(3)*(B8*LN(B8)+B9*LN(B9)+B10*LN(B10))	=-1/LN(3)*(C8*LN(C8)+C9*LN(C9))	=-1/LN(3)*(D8*LN(D8))	=-1/LN(3)*(E8*LN(E8))	=-1/LN(3)*(F8*LN(F8))	LN求和
14	d	=1-B13	=1-C13	=1-D13	=1-E13	=1-F13	
15	归一化	=B14/\$G\$14	=C14/\$G\$14	=D14/\$G\$14	=E14/\$G\$14	=F14/\$G\$14	=SUM(B14:F14)
16	先验权值	0.2	0.1	0.1	0.4	0.1	加权求和
17	加权值	=B15*B16	=C15*C16	=D15*D16	=E15*E16	=F15*F16	=SUM(B17:F17)
18	后验权值	=B17/\$G\$17	=C17/\$G\$17	=D17/\$G\$17	=E17/\$G\$17	=F17/\$G\$17	
19							

图2-2a 用Excel求解过程的计算公式

以上计算过程用 Excel 处理起来非常方便，结果如图 2 – 2a、b 所示，其中图 2 – 2a 显示的是 Excel 计算公式，图 2 – 2b 显示的是 Excel 计算结果。

	A	B	C	D	E	F	G
1		C1	C2	C3	C4	C5	
2	A1	6	30	56	6	170	
3	A2	2	160	50	50	172	
4	A3	4	112	48	18	176	
5	求和	12	302	154	74	518	
6							
7		P1	P2	P3	P4	P5	
8	A1	0.5	0.099	0.3636	0.081	0.33	
9	A2	0.167	0.53	0.3247	0.676	0.33	
10	A3	0.333	0.371	0.3117	0.243	0.34	
11							
12		1	2	3	4	5	
13	E	0.921	0.85	0.998	0.74	1	d求和
14	d	0.079	0.15	0.002	0.26	0	0.4919
15	归一化	0.161	0.305	0.004	0.529	0	
16	先验权值	0.2	0.2	0.1	0.4	0.1	加权求和
17	加权值	0.032	0.061	0.0004	0.212	0	0.3055
18	后验权值	0.106	0.2	0.0013	0.693	0	

图 2 – 2b　用 Excel 求解的结果

2.2　基数型多属性决策方法

现有多属性决策方法中的绝大多数属于基数型决策方法。这一类方法要求决策者将属性值表示为能反映实际情况的基数形式，通过规范、加权、合成、比较等技术求得决策的最终结果。主要包括极大—极大型、极大—极小型、赫威斯型和简单加权平均型四种基本方法。

2.2.1　简单加权平均型

上述四种方法在决策中已有介绍，这里不再详述。在简单加权平均型算法中，如果把每个指标的权重值看作该指标发生的概率的话，这种方法和期望值（expected value，EV）指标决策是一样的，这里也不再详述。下面用一个例子介绍前面方法的应用。

例 2　准备购买一款笔记本电脑，在电脑城选了四款作为备选方案，各款笔记本的参数结果如表 2 – 3 所示。问应选购哪一款笔记本以使决策的总效用值最大。

表 2 - 3 笔记本选购问题的决策矩阵

属性机型	电池持续时间（小时）	硬盘大小（G）	屏幕尺寸（英寸）	价格（元）	可靠性	售后服务
1	4	150	10	5 500	一般	很好
2	5	270	9	6 500	低	一般
3	3.6	200	10.5	4 500	高	好
4	4.4	180	10	5 000	一般	一般
权值	0.2	0.1	0.1	0.1	0.2	0.3

现采用简单加权平均法求解如下：

步骤 1 采用 MacCrimmon 双向比例标尺将表 2 - 3 中的定性指标改写成定量指标，即

$$D = \left[x_{ij} \right] = \begin{bmatrix} 4 & 150 & 10 & 5\,500 & 5 & 9 \\ 5 & 270 & 9 & 6\,500 & 3 & 5 \\ 3.6 & 200 & 10.5 & 4\,500 & 7 & 7 \\ 4.4 & 180 & 10 & 5\,000 & 5 & 5 \end{bmatrix}$$

步骤 2 采用比例法将决策矩阵 D 写成以下规范形式：

$$D' = \left[r_{ij} \right] = \begin{bmatrix} 0.80 & 0.56 & 0.95 & 0.82 & 0.71 & 1 \\ 1 & 1 & 0.86 & 0.69 & 0.43 & 0.56 \\ 0.72 & 0.74 & 1 & 1 & 1 & 0.78 \\ 0.88 & 0.67 & 0.95 & 0.90 & 0.71 & 0.36 \end{bmatrix}$$

这里价格属性（C_4）的规范公式为：$r_{i4} = x_j^{\min}/x_{j4}$，其他属性的规范公式为：$r_{ij} = x_{ij}/x_j^{\max}$。

步骤 3 对规范化决策矩阵加权：

$$D'' = \left[v_{ij} \right] = \begin{bmatrix} 0.160 & 0.056 & 0.095 & 0.082 & 0.142 & 0.3 \\ 0.2 & 0.1 & 0.086 & 0.069 & 0.086 & 0.168 \\ 0.144 & 0.074 & 0.1 & 0.1 & 0.2 & 0.234 \\ 0.176 & 0.067 & 0.095 & 0.090 & 0.142 & 0.108 \end{bmatrix}$$

步骤 4 计算每一方案属性值的加权平均值：

$$\lambda = \left(0.835, 0.707, 0.851, 0.737 \right)^T$$

步骤 5 方案排序：$A_3 > A_1 > A_4 > A_2$

用 Excel 求解结果如图 2 - 3a、b 所示，其中图 2 - 3a 显示的是 Excel 计算公式，图 2 - 3b 显示的是 Excel 计算结果。

图 2 - 3a 用 Excel 求解过程的计算公式

	C1	C2	C3	C4	C5	C6	
A1	4	150	10	5500	5	9	
A2	5	270	9	6500	3	5	
A3	3.6	200	10.5	4500	7	7	
A4	4.4	180	10	5000	5	5	
MAX	=MAX(B2:B5)	=MAX(C2:C5)	=MAX(D2:D5)		=MAX(F2:F5)	=MAX(G2:G5)	
MIN				=MIN(E2:E5)			
	D1	D2	D3	D4	D5	D6	加权平均值
A1	=B2/$B$6	=C2/$C$6	=D2/$D$6	=$E$7/E2	=F2/$F$6	=G2/$G$6	=SUMPRODUCT(B11:G11,$B$15:$G$15)
A2	=B3/$B$6	=C3/$C$6	=D3/$D$6	=$E$7/E3	=F3/$F$6	=G3/$G$6	=SUMPRODUCT(B12:G12,$B$15:$G$15)
A3	=B4/$B$6	=C4/$C$6	=D4/$D$6	=$E$7/E4	=F4/$F$6	=G4/$G$6	=SUMPRODUCT(B13:G13,$B$15:$G$15)
A4	=B5/$B$6	=C5/$C$6	=D5/$D$6	=$E$7/E5	=F5/$F$6	=G5/$G$6	=SUMPRODUCT(B14:G14,$B$15:$G$15)
权重	0.2	0.1	0.1	0.1	0.2	0.3	

图 2 - 3b 用 Excel 求解的结果

	C1	C2	C3	C4	C5	C6	
A1	4	150	10	5500	5	9	
A2	5	270	9	6500	3	5	
A3	3.6	200	10.5	4500	7	7	
A4	4.4	180	10	5000	5	5	
MAX	5	270	10.5		7	9	
MIN				4500			
	D1	D2	D3	D4	D5	D6	加权平均值
A1	0.8	0.55556	0.95238	0.81818	0.71429	1	0.83546898
A2	1	1	0.85714	0.69231	0.42857	0.55556	0.70732601
A3	0.72	0.74074	1	1	1	0.77778	0.85140741
A4	0.88	0.66667	0.95238	0.9	0.71429	0.55556	0.73742857
权重	0.2	0.1	0.1	0.1	0.2	0.3	

2.2.2 折衷型多属性决策方法

我们已经知道，多属性决策问题的理想解与反理想解实际上并不存在，但它们仍然不失为据以衡量可行解好坏的参照基准。多属性决策的优先解应该尽可能地靠近理想解，或尽可能地远离反理想解，这便是折衷型决策方法的基本思想。折衷的含义是指在理想解与反理想解之间寻求一个相对满意的答案。这一类方法的关键是如何选择参照基准和如何表示可行解与参照基准之间的距离。由于选择的参照基准和采用的距离测度不同，文献中存在着多种多样的折衷模型。比较常见而且直观的距离测度当属欧几里得范数，其可行解 A_i 与理想解 A^+ 和反理想解 A^- 之间的距离公式分别为：

$$d_i^+ = \sqrt{\sum_{j=1}^n (r_{ij} - r_j^+)^2}, \ i = 1, \ 2 \cdots, \ m \tag{2.14}$$

$$和 \ d_i^- = \sqrt{\sum_{j=1}^n (r_{ij} - r_j^-)^2}, \ i = 1, \ 2 \cdots, \ m \tag{2.15}$$

式中 r_{ij} 是第 i 个方案 A_i 在第 j 个属性 C_j 上的规范值；r_j^+ 和 r_j^- 分别是理想解 A^+ 和反理想解 A^- 在第 j 个属性上的规范值。

如果考虑到属性权值对方案选择的影响，可定义加权的欧几里得距离为：

$$d_i^+ = \sqrt{\sum_{j=1}^n w_j (r_{ij} - r_j^+)^2}, \ i = 1, \ 2, \ \cdots, \ m \tag{2.16}$$

$$和 \ d_i^- = \sqrt{\sum_{j=1}^n w_j (r_{ij} - r_j^-)^2}, \ i = 1, \ 2, \ \cdots, \ m \tag{2.17}$$

Zeleny 的分析结果表明，理想解和反理想解作为参照基准在不同的情形下对各种方案的分辨能力是不一样的，且导致的选择结果也未必一致。换言之，距离理想解最近的解并不能保证它距离反理想解最远。故常见的做法是同时以理想解和反理想解为参照基准，并用一种特定的方式将两个距离 d_i^+ 和 d_i^- 结合在一起计算解的综合效用值 $U(A_i)$，决策原则是解的效用值越大越好。其具体计算公式为：

$$U(A_i) = d_i^- / (d_i^+ + d_i^-), \ i = 1, \ 2, \ \cdots, \ m \tag{2.18}$$

显然，如果 $A_i = A^+$，由式（2.16）、（2.17）可以得到 $d_i^+ = 0$，$d_i^- = 1$，则由公式（2.18）得到 $U(A_i) = 1$；

如果 $A_i = A^-$，由式（2.16）、（2.17）可以得到 $d_i^- = 0$，$d_i^+ = 1$，则由公式（2.18）得到 $U(A_i) = 0$；

其他情况下，$0 < U(A_i) < 1$。

例 3　重新考虑例 2 中的笔记本电脑的选购问题

已知其规范化决策矩阵和权向量分别为

$$D' = [r_{ij}] = \begin{bmatrix} 0.80 & 0.56 & 0.95 & 0.82 & 0.71 & 1 \\ 1 & 1 & 0.86 & 0.69 & 0.43 & 0.56 \\ 0.72 & 0.74 & 1 & 1 & 1 & 0.78 \\ 0.88 & 0.67 & 0.95 & 0.90 & 0.71 & 0.36 \end{bmatrix}$$

和 $w = (0.2, 0.1, 0.1, 0.1, 0.2, 0.3)$

现将折衷算法的求解过程分步叙述如下：

步骤 1　确定理想解和反理想解

$A^+ = (1, 1, 1, 1, 1, 1)$

$A^- = (0.72, 0.56, 0.86, 0.69, 0.43, 0.36)$

步骤 2　计算每一方案与理想解和反理想解之间的加权距离

$d^+ = (0.21, 0.29, 0.19, 0.42)$，则优先级排序为 $A_3 > A_1 > A_2 > A_4$

$d^- = (0.38, 0.22, 0.36, 0.17)$，则优先级排序为 $A_1 > A_3 > A_2 > A_4$

步骤 3　计算每一方案的综合效用值

$U(A) = (0.64, 0.43, 0.65, 0.29)$，则优先级排序为 $A_3 > A_1 > A_2 > A_4$

步骤 4　（1）基于理想解的方案排序：$A_3 > A_1 > A_2 > A_4$

　　　　（2）基于反理想解的方案排序：$A_1 > A_3 > A_2 > A_4$

　　　　（3）基于综合效用的方案排序：$A_3 > A_1 > A_2 > A_4$

用 Excel 求解的结果如图 2 − 4a、b 所示，其中图 2 − 4a 显示的是 Excel 计算公式，图 2 − 4b 显示的是 Excel 计算结果。

显然，采用不同参照基准所得到的选择结果是不完全一样的，具体选择应由决策者根据实际情况来确定，而不能一概而论。

对照本例采用简单加权平均法求得的解：$A_3 > A_1 > A_4 > A_2$，与这里的解也不尽相同，可见多属性决策的解不仅与参照基准有关，而且与距离测度有关。事实上，距离测度是决策者价值函数的具体表现。

一般而言，除了一些差异比较明显的决策情形外，不同方法得到的结果往往会略有出入。故在实际决策中，应多采用几种方法求解，并将不同结果综合比较，以便得到一个决策者满意的最终结论。

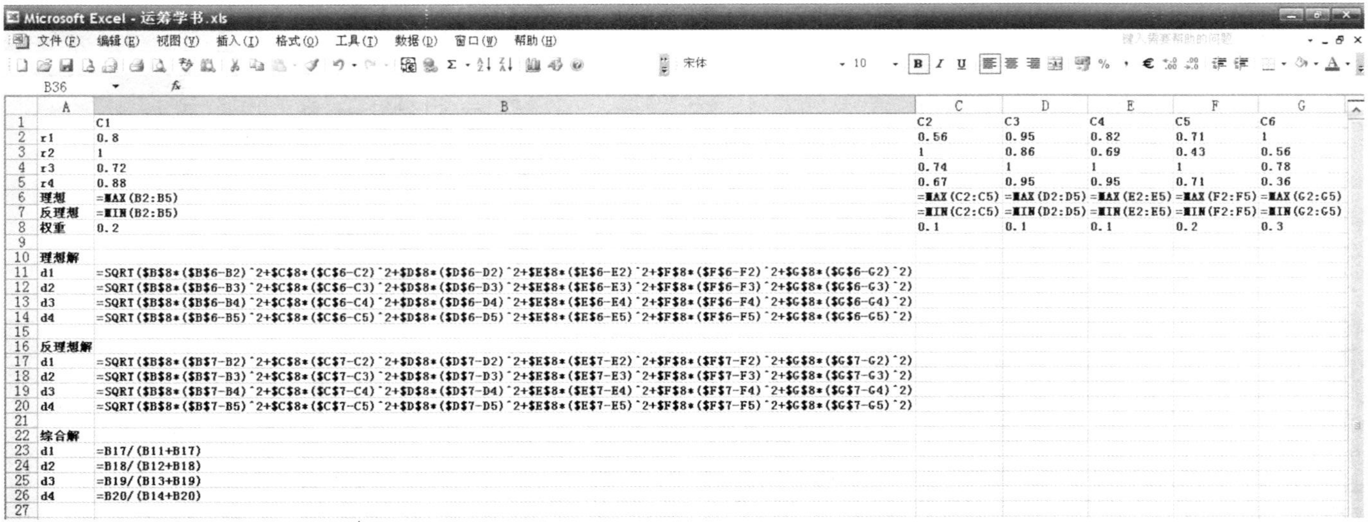

Microsoft Excel - 运筹学书.xls

文件(F) 编辑(E) 视图(V) 插入(I) 格式(O) 工具(T) 数据(D) 窗口(W) 帮助(H)

宋体 — 10 — B *I* U

B36

	B	C	D	E	F	G
	C1	C2	C3	C4	C5	C6
r1	0.8	0.56	0.95	0.82	0.71	1
r2	1	1	0.86	0.69	0.43	0.56
r3	0.72	0.74	0.95	0.95	0.71	0.78
r4	0.88	0.67				0.36
理想型	=MAX(B2:B5)	=MAX(C2:C5)	=MAX(D2:D5)	=MAX(E2:E5)	=MAX(F2:F5)	=MAX(G2:G5)
反理想型	=MIN(B2:B5)	=MIN(C2:C5)	=MIN(D2:D5)	=MIN(E2:E5)	=MIN(F2:F5)	=MIN(G2:G5)
权重	0.2	0.1	0.1	0.1	0.2	0.3

理想解

- d1: `=SQRT($B$8*($B$6-B2)^2+$C$8*($C$6-C2)^2+$D$8*($D$6-D2)^2+$E$8*($E$6-E2)^2+$F$8*($F$6-F2)^2+$G$8*($G$6-G2)^2)`
- d2: `=SQRT($B$8*($B$6-B3)^2+$C$8*($C$6-C3)^2+$D$8*($D$6-D3)^2+$E$8*($E$6-E3)^2+$F$8*($F$6-F3)^2+$G$8*($G$6-G3)^2)`
- d3: `=SQRT($B$8*($B$6-B4)^2+$C$8*($C$6-C4)^2+$D$8*($D$6-D4)^2+$E$8*($E$6-E4)^2+$F$8*($F$6-F4)^2+$G$8*($G$6-G4)^2)`
- d4: `=SQRT($B$8*($B$6-B5)^2+$C$8*($C$6-C5)^2+$D$8*($D$6-D5)^2+$E$8*($E$6-E5)^2+$F$8*($F$6-F5)^2+$G$8*($G$6-G5)^2)`

反理想解

- d1: `=SQRT($B$8*($B$7-B2)^2+$C$8*($C$7-C2)^2+$D$8*($D$7-D2)^2+$E$8*($E$7-E2)^2+$F$8*($F$7-F2)^2+$G$8*($G$7-G2)^2)`
- d2: `=SQRT($B$8*($B$7-B3)^2+$C$8*($C$7-C3)^2+$D$8*($D$7-D3)^2+$E$8*($E$7-E3)^2+$F$8*($F$7-F3)^2+$G$8*($G$7-G3)^2)`
- d3: `=SQRT($B$8*($B$7-B4)^2+$C$8*($C$7-C4)^2+$D$8*($D$7-D4)^2+$E$8*($E$7-E4)^2+$F$8*($F$7-F4)^2+$G$8*($G$7-G4)^2)`
- d4: `=SQRT($B$8*($B$7-B5)^2+$C$8*($C$7-C5)^2+$D$8*($D$7-D5)^2+$E$8*($E$7-E5)^2+$F$8*($F$7-F5)^2+$G$8*($G$7-G5)^2)`

综合解

- d1: `=B17/(B11+B17)`
- d2: `=B18/(B12+B18)`
- d3: `=B19/(B13+B19)`
- d4: `=B20/(B14+B20)`

图2-4a 用Excel求解过程的计算公式

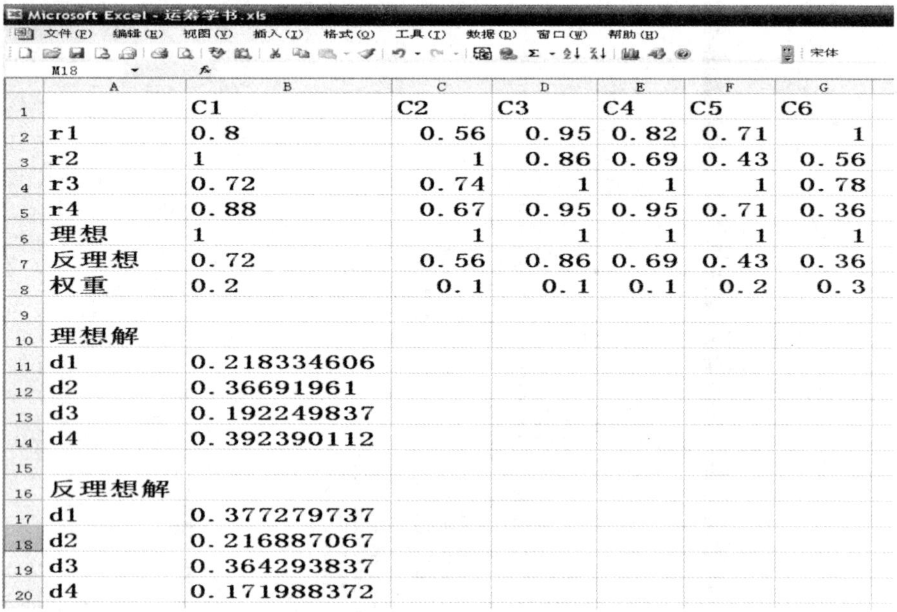

图 2 –4b　用 Excel 求解的结果

2.3　序数型多属性决策方法

前面介绍的多属性决策方法都要求决策问题中的属性值以基数形式作出定量描述，但在实际中决策者往往很难做到这一点。由于各种各样的原因，决策者和分析人员只能大致判断出每个方案相对于每个属性的优劣次序，而无法给出它们的确切数值。如果采用基数型多属性决策方法来求解此类问题，则需要采用我们已经使用过的双向比例标尺（bipolar scaling）将序数值转换为基数值，但这种转换带有强烈的主观随意性。为此，我们要引进一种新的序数型多属性决策方法 —— 线性分配法。

线性分配法是基于一种很朴素的想法：如果某一方案在几个重要属性上都排在前面，那么综合起来衡量，它也应该排在前面。其特点是允许不同属性之间的补偿与结合，最终表现为方案的整体性质。

例 4　设有 3 个方案和 3 个属性，假定各属性的权值相等，每一方案在每个属性上的排序情况如表 2 –4 所示。

表 2-4 各方案按属性排序结果

次序　属性	C_1	C_2	C_3
第一	A_1	A_1	A_2
第二	A_2	A_3	A_1
第三	A_3	A_2	A_3

容易看出，一个将方案的属性次序转换成总体次序的最简单方法也许是对方案的属性次序求和，并按和数从小到大的次序排列方案的总体次序。计算表明：

$$U(A_1) = 1+1+2 = 4, \quad U(A_2) = 2+3+1 = 6, \quad U(A_3) = 3+2+3 = 8$$

从而有：$A_1 > A_2 > A_3$。但是，这个方法不符合属性补偿的基本要求，因为它只是孤立地考察每一方案在每个属性上所处的地位，然后求和，而没有将所有的属性作为一个整体来看待。为此，一个补偿性的决策模型可设计如下：首先定义一个序和矩阵 π，其元素 π_{ik} 表示方案 A_i 在所有属性上被排在第 k 位的次数。π_{ik} 的值越大，表示 A_i 排在第 k 位的和谐性越好。例如，上述问题的序和矩阵是

第一二三

$$\pi = \begin{matrix} A_1 \\ A_2 \\ A_3 \end{matrix} \begin{bmatrix} 2 & 1 & 0 \\ 1 & 1 & 1 \\ 0 & 1 & 2 \end{bmatrix}$$

显然，方案 A_1 应排在第一位，方案 A_3 应排在第三位。如果假定每个方案必须而且只能排在一个位置上，每个位置也必须而且只能排一个方案，那么方案 A_2 应该排在第二位。

很显然，该问题是一个将矩阵 π 求最大化的指派问题。指派问题的匈牙利算法是针对最小化问题的。对于本例求最大化问题，可以将每一行的最大元素分别减去该行的其他元素即可，其余步骤与求最小化相同。采用修改后的匈牙利方法，本例的求解过程如下。

$$\begin{bmatrix} 2 & 1 & 0 \\ 1 & 1 & 1 \\ 0 & 1 & 2 \end{bmatrix} \rightarrow \begin{bmatrix} 0 & 1 & 2 \\ 0 & 0 & 0 \\ 2 & 1 & 0 \end{bmatrix} \rightarrow \begin{bmatrix} 0 & 1 & 2 \\ 0 & 0 & 0 \\ 2 & 1 & 0 \end{bmatrix}$$

即排序结果为 $A_1 > A_2 > A_3$。

当然，也可以不这样转换，直接用 QM for Windows 软件的 Assignments（指派问题）模块求解，目标函数选择 Maximize（最大化），求解结果如图 2-

5a、b 所示，图 a 是输入数据，图 b 是输出结果。

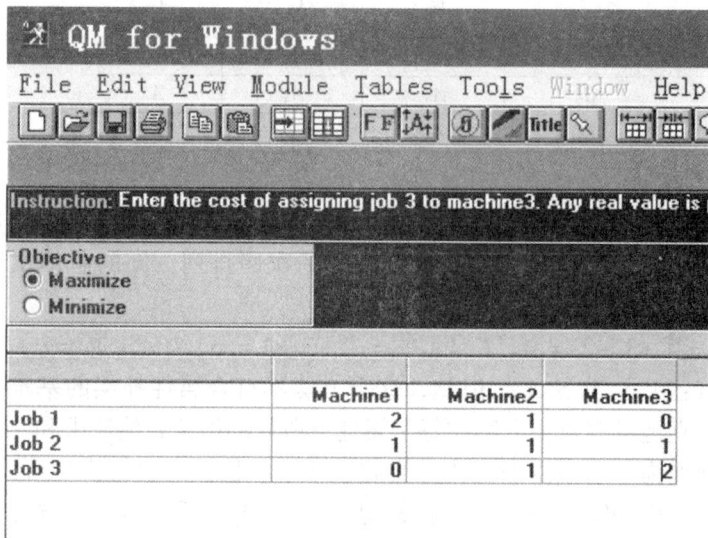

图 2 - 5a　用 QM 求解输入数据

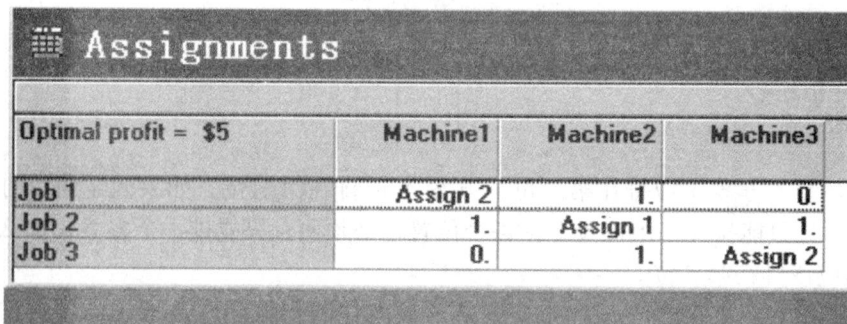

图 2 - 5b　用 QM 求解输出结果

如果决策问题中各属性的权值不等，例如 $w = (w_1, w_2, w_3) = (0.2, 0.3, 0.5)$，则可构造加权的序和矩阵

$$\pi = \begin{bmatrix} 0.2+0.3 & 0.5 & 0 \\ 0.5 & 0.2 & 0.3 \\ 0 & 0.3 & 0.2+0.5 \end{bmatrix} = \begin{bmatrix} 0.5 & 0.5 & 0 \\ 0.5 & 0.2 & 0.3 \\ 0 & 0.3 & 0.7 \end{bmatrix}$$

用 QM for Windows 软件的 Assignments（指派问题）模块求解，目标函数选择 Maximize（最大化），求解结果如图 2 - 6 所示。

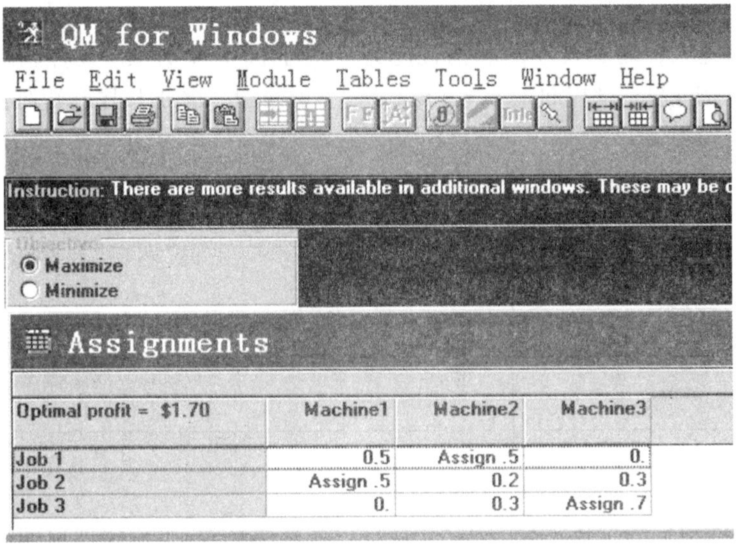

图 2-6　用 QM 求解输出结果

即排序结果为：$A_2 > A_1 > A_3$。

如果有两个方案在某一属性上的序次相同，如表 2-5a 所示：

表 2-5a　有多方案在同一属性上相同

属性 次序	C_1（w_1）
第一	A_1，A_2
第二	—
第三	A_3

则可以采用增加哑元的办法，将原有属性分解为两个虚构的属性 C_{11} 和 C_{12}，并规定其权值各为原有权值的二分之一，如表 2-5b 所示：

表 2-5b　增加哑元之后的数据

属性 次序	C_{11}（$w_1/2$）	C_{12}（$w_1/2$）
第一	A_1	A_2
第二	A_2	A_1
第三	A_3	A_3

综上所述，加权序和元素 π_{ik} 可理解为将方案 A_i 排在第 k 位的和谐程度。π_{ik} 的数值越大，表示排序的和谐性越好。对于含 m 个方案、n 种属性的一般多属性决策问题，设权向量 $w = (w_1, w_2, \cdots, w_n)$，其加权序和矩阵的表示形式如表 2-6 所示。

表 2-6　序数型多属性决策加权序和矩阵

次序 / 方案	第一位	第二位	⋯	第 m 位
A_1	π_{11}	π_{12}	⋯	π_{1m}
A_2	π_{21}	π_{22}	⋯	π_{2m}
⋮	⋮	⋮	⋮	⋮
A_m	π_{m1}	π_{m2}	⋯	π_{mm}

从线性规划的理论可知，表 2-6 对应着下面的 0-1 型线性规划问题：

$$\max \quad Z = \sum_{i=1}^{m}\sum_{j=1}^{m}\pi_{ij}x_{ij} \tag{2.19}$$

$$\text{s. t.} \quad \sum_{j=1}^{m}x_{ij}=1, \quad i=1,2,\cdots,m$$

$$\sum_{i=1}^{m}x_{ij}=1, \quad j=1,2,\cdots,m$$

$$x_{ij}=0,1$$

该问题就是一个求最大化的指标问题。

例 5　从笔记本选购问题的原决策矩阵中可以方便地得到下面的属性次序表，结果如表 2-7a 所示，权向量 $w = (0.2, 0.1, 0.1, 0.1, 0.2, 0.3)$。

表 2-7a　属性次序结果

属性 / 次序	C_1	C_2	C_3	C_4	C_5	C_6
第一位	A_2	A_2	A_3	A_3	A_3	A_1
第二位	A_4	A_3	A_1, A_4	A_4	A_1, A_4	A_3
第三位	A_1	A_4	—	A_1	—	A_2, A_4
第四位	A_3	A_1	A_2	A_2	A_2	—

其中的 3 个属性具有并列的序位，故需改写为表 2-7b 所示。

表 2 – 7b　增加哑元后的属性次序结果

属性 次序	C_{31} C_{32}	C_{51} C_{52}	C_{61} C_{62}
第一位	$A_3 A_3$	$A_3 A_3$	$A_1 A_1$
第二位	$A_1 A_4$	$A_1 A_4$	$A_3 A_3$
第三位	$A_4 A_1$	$A_4 A_1$	$A_2 A_4$
第四位	$A_2 A_2$	$A_2 A_2$	$A_4 A_2$

因此，增加哑元后，新的决策矩阵结果如表 2 – 7c 所示。

表 2 – 7c　增加哑元后新的决策矩阵结果

属性 次序	C_1	C_2	C_{31}	C_{32}	C_4	C_{51}	C_{52}	C_{61}	C_{62}
w	0.20	0.10	0.05	0.05	0.10	0.10	0.10	0.15	0.15
第一位	A_2	A_2	A_3	A_3	A_3	A_3	A_3	A_1	A_1
第二位	A_4	A_3	A_1	A_4	A_4	A_1	A_4	A_3	A_3
第三位	A_1	A_4	A_4	A_1	A_1	A_4	A_1	A_2	A_4
第四位	A_3	A_1	A_2	A_2	A_2	A_2	A_2	A_4	A_2

则加权序和矩阵为：

$$\pi = \begin{bmatrix} 0.30 & 0.30 & 0.40 & 0 \\ 0.15 & 0 & 0.40 & 0.45 \\ 0.45 & 0.15 & 0 & 0.40 \\ 0.10 & 0.55 & 0.20 & 0.15 \end{bmatrix}$$

用 QM for Windows 软件的 Assignments（指派问题）模块求解，目标函数选择 Maximize（最大化），求解结果如图 2 – 7 所示。

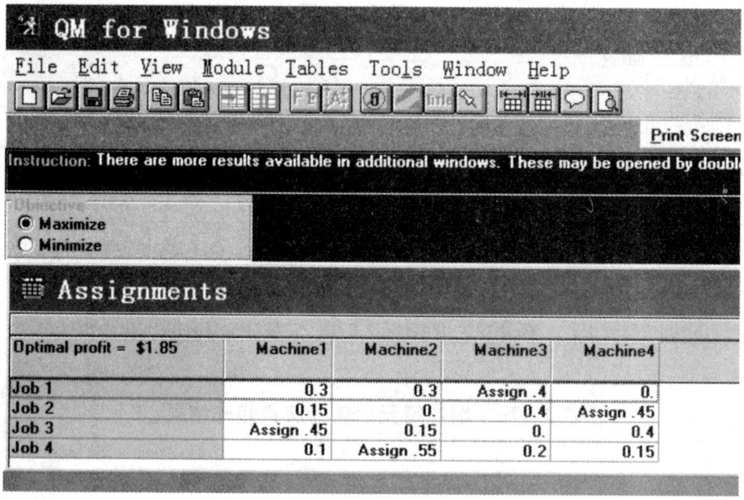

图 2-7　用 QM 求解输出结果

结论：$A_3 > A_4 > A_1 > A_2$。

本章小结

在多属性决策问题中，由于属性指标之间的相互矛盾与制衡，因而不存在通常意义下的最优解，也没有一个被公认是最好的求解方法。本章介绍的几种求解多属性决策问题的方法，它们各有其优缺点和适用范围，故在实际应用中，具体采用哪一种方法既取决于问题的性质和特点，同时也取决于决策者对问题的看法和态度。

练习题

1. 有四个公司 A、B、C、D 投标某项目，其交货期、报价以及公司名气与实力情况如表 2-8 所示。

表 2-8　四家公司各指标的值

公司	交货期（天）	报价（万元）	公司名气与实力
A	50	90	较大
B	30	85	一般
C	60	93	中
D	70	95	大

请决定一家中标公司。

2. 某学校要选拔两名品学兼优的学生出国做交换学生。备选的学生有四名，他们在德、智、体三个指标方面的排序如表 2 - 9 所示，德、智、体三个指标的权向量 $w = (0.3, 0.5, 0.2)$。

表 2 - 9　四个学生的德、智、体排序结果

属性 次序	德	智	体
第一位	A_2	A_2	A_3
第二位	A_4	A_3	$A_1 A_4$
第三位	A_1	A_4	—
第四位	A_3	A_1	A_2

3 多目标规划

本章要求

☐ 理解多目标规划问题的应用背景
☐ 掌握多目标规划问题解的特点
☐ 掌握多目标规划问题求解的总体思路
☐ 了解以评价函数法为代表的求解多目标规划问题的方法
☐ 学会用 Matlab 软件求解多目标规划问题

在一般的线性规划问题中，研究的是仅有一个目标的最优决策问题。然而，在许多实际问题中，衡量一个设计方案的好与坏的标准往往不止一个。例如，在资源的最优利用问题中，除了考虑所得的利润最大，还要考虑使得产品质量最好、劳动生产率最高等。这一类问题称为多目标规划问题或多目标最优化问题，它们早期来源于经济理论，现在已应用于工程优化设计、地区发展规划、数理经济学和环境保护问题等许多领域。对于这样的问题，一般的线性规划方法就无能为力了，需要引入多目标规划方法来求解。

本章主要从实用的角度简要介绍多目标规划的一些基本概念与求解方法。对多目标规划的理论、方法和最新发展等方面有兴趣深入的读者，可以参看相关的文献。

3.1 多目标规划问题举例

例 1 购买原料问题

设需要购买 A_1、A_2、A_3 三种原料，单价分别为 400 元/kg，300 元/kg 和 200 元/kg。要求用于购买的金额不超过 2 000 元，资源的总量不少于 6kg，A_1，A_2 两种资源的总和不少于 3kg。问：应如何确定最好的购买方案？

解：设 x_1、x_2、x_3 分别为购买三种原料的重量（单位：kg），再设所花费的总金额为 y_1（单位：元），所购买原料的总重量为 y_2（单位：kg）。

根据题目的要求，我们希望 y_1 取最小值，y_2 取最大值，即：

$\min y_1 = 400x_1 + 300x_2 + 200x_3$

$\max y_2 = x_1 + x_2 + x_3$

而约束条件为

$400x_1 + 300x_2 + 200x_3 \leqslant 2\,000$

$x_1 + x_2 + x_3 \geqslant 6$

$x_1 + x_2 \geqslant 3$

$x_1,\ x_2,\ x_3 \geqslant 0$

显而易见，这是一个包含两个目标的线性规划问题，即多目标线性问题。由于求 y_2 的最大值可以转化为求 $(-y_2)$ 的最小值，所以上述问题可以归结为：

$$\begin{cases} V-\min\ (f_1\ (X),\ f_2\ (X))^T \\ \text{s. t.}\quad 400x_1 + 300x_2 + 200x_3 \leqslant 2\,000 \\ x_1 + x_2 + x_3 \geqslant 6 \\ x_1 + x_2 \geqslant 3 \\ x_1,\ x_2,\ x_3 \geqslant 0 \end{cases} \qquad (3.1)$$

其中

$f_1\ (X) = y_1,\ f_2\ (X) = -y_2,\ X = (x_1,\ x_2,\ x_3)^T$

符号 $V-\min$ 表示求向量函数 $f\ (X) = (f_1\ (X),\ f_2\ (X))^T$ 的最小值。

例2 生产计划问题

某纺织厂生产 A_1、A_2、A_3 三种布料，该厂两班生产，每周生产时间为90小时，每周的能耗不得超过150吨标准煤，其他数据如表3–1所示：

表3–1 布料生产的具体情况

布料名	生产数量 （米/小时）	利润 （元/米）	最大销量 （米/周）	能耗 （吨/千米）
A_1	400	0.25	40 000	1.2
A_2	500	0.20	48 000	1.3
A_3	360	0.30	30 000	1.4

问：每周应生产三种布料各多少米才能使该厂的利润最多，而能源消耗最少？

解：设该厂每周生产三种布料 A_1、A_2、A_3 的小时数分别为 x_1、x_2、x_3（小时），总利润为 y_1（元），总能源消耗量为 y_2（吨），则上述问题可归结为以下多目标线性问题：

$$\begin{cases} V - \min f(X) = (f_1(X), f_2(X))^T \\ \text{s. t.} \quad x_1 + x_2 + x_3 \leqslant 90 \\ 1.2 \times 10^{-3} \times 400x_1 + 1.3 \times 10^{-3} \times 500x_2 + 1.4 \times 10^{-3} \times 360x_3 \leqslant 150 \\ 400x_1 \leqslant 40\ 000 \\ 500x_2 \leqslant 48\ 000 \\ 360x_3 \leqslant 30\ 000 \\ x_1, \ x_2, \ x_3 \geqslant 0 \end{cases} \tag{3.2}$$

其中，

$f_1(X) = -y_1, f_2(X) = y_2, X = (x_1, x_2, x_3)^T$

$y_1 = 0.25 \times 400x_1 + 0.2 \times 500x_2 + 0.3 \times 360x_3$

$y_2 = 1.2 \times 10^{-3} \times 400x_1 + 1.3 \times 10^{-3} \times 500x_2 + 1.4 \times 10^{-3} \times 360x_3$

例3 工作安排问题

某公司生产 A、B 两种产品，每单位 A 产品的利润为 10 元，每单位 B 产品的利润为 8 元，每单位 A 产品和 B 产品所需要的装配时间分别为 3 小时和 2 小时，而公司可以利用的总的装配时间为 120 小时/周。此外，加班生产的两种产品的单位利润比正常工作时间内的利润均少 1 元。销售合同中规定该公司每周必须提供给客户这两种产品至少各 30 个单位。现公司要求：①尽量充分利用每周 120 个小时的工作时间。②尽量减少加班时间。③使公司的所得利润最大。

解：设每周的正常工作时间和加班时间生产 A 产品的数量分别为 x_1、x_2；每周的正常工作时间和加班时间生产 B 产品的数量分别为 x_3、x_4。公司的三个要求分别用函数表示为 y_1、y_2 和 y_3，则：

$y_1 = 3x_1 + 2x_3$

$y_2 = 3x_2 + 2x_4$

$y_3 = 10x_1 + 9x_2 + 8x_3 + 7x_4$

同样，由于求 y_1 的最大值可以转化为求（$-y_1$）的最小值，求 y_3 的最大值可以转化为求（$-y_3$）的最小值，所以上述问题可以归结为：

$$
\begin{cases}
V - \min f(X) = (f_1(X), f_2(X), f_3(X))^T \\
\text{s. t.} \quad x_1 + x_2 \geqslant 30 \\
x_3 + x_4 \geqslant 30 \\
3x_1 + 2x_3 \leqslant 120 \\
x_1, x_2, x_3, x_4 \geqslant 0
\end{cases}
\tag{3.3}
$$

其中，

$f_1(X) = -y_1, f_2(X) = y_2, f_3(X) = -y_3, X = (x_1, x_2, x_3, x_4)^T$

通过上面的三个例题，我们不难得出多目标线性规划模型的一般形式为：

$$
\begin{cases}
V - \min f(X) \\
\text{s. t.} \quad g_i(X) \leqslant 0, i = 1, 2, \cdots, m
\end{cases}
\tag{3.4}
$$

其中，

$$X = (x_1, x_2, \cdots, x_n)^T$$
$$f(X) = (f_1(X), f_2(X), \cdots, f_p(X))^T, p \geqslant 2$$

如果令

$$R = \{X \mid g_i(X) \leqslant 0, i = 1, 2, \cdots, m\}$$

则称 R 为问题（3.4）的可行集或约束集，$X \in R$ 称为问题（3.4）的可行解或容许解。多目标规划问题与线性规划问题、非线性规划问题的主要区别在于：它所追求的目标不止一个，而是 p 个（$p \geqslant 2$）。

此外，在许多实际问题中，各个目标的量纲一般是不相同的，所以有必要把每个目标事先规范化。例如，对第 j 个带量纲的目标 $F_j(X)$，可令

$f_j(X) = F_j(X) / F_j$

其中 $F_j = \min_{X \in R} F_j(X)$

$R = \{X \mid g_i(X) \leqslant 0, i = 1, 2, \cdots, m\}$

这样，$f_j(X)$ 就是规范化的目标了。因此，在以后的叙述中，我们不妨假设多目标规划问题（3.4）中的目标都是已经规范化了的。

3.2 多目标规划问题的解

在多目标线性规划模型中，由于各目标之间的互相矛盾，一般很难找到一个能让所有目标均达到最优的可行解。为此，我们引入了最优解、有效解和满意解的概念。

考察如下的多目标规划问题：

$$
\begin{cases}
V - \min F\ (x)\ =\ (f_1\ (x),\ f_2\ (x),\ \cdots,\ f_p\ (x))^T \\
\text{s. t.}\quad g_i\ (x)\ \leqslant 0,\ i = 1,\ 2,\ \cdots,\ m
\end{cases}
\tag{3.5}
$$

其中，

$x = (x_1,\ x_2,\ \cdots,\ x_n)^T,\ p \geqslant 2$

令

$R = \{x \mid g_i\ (x)\ \leqslant 0,\ i = 1,\ 2,\ \cdots,\ m\}$

定义 3.1　设 $x^* \epsilon R$，若对任意 $x \epsilon R$ 及 $i = 1,\ 2,\ \cdots,\ p$，都有 $f_i\ (x^*)\ \leqslant f_i$ (x) 成立，则称 x^* 为问题 (3.5) 的绝对最优解。而 $F^* = (f_1\ (x^*),\ \cdots,\ f_p$ $(x^*))^T$ 称为绝对最优值。

例如，若 $f_1\ (x)\ = x^2$，$f_2\ (x)\ = x^2 + 1$，则问题

$$
\begin{cases}
V - \min F\ (x)\ =\ (f_1\ (x),\ f_2\ (x))^T \\
\text{s. t.}\quad -4 \leqslant x \leqslant 4
\end{cases}
\tag{3.6}
$$

的绝对最优解为 $x^* = 0$，绝对最优值为 $F^* = (0,\ 1)^T$

若 $f_1\ (x)\ = x_1^2 + x_2^2$，$f_2\ (x)\ = x_1^2 + x_2^2 + 1$，则问题

$$
\begin{cases}
V - \min F\ (x)\ =\ (f_1\ (x),\ f_2\ (x))^T \\
\text{s. t.}\quad -1 \leqslant x_1 \leqslant 1,\ -1 \leqslant x_2 \leqslant 1
\end{cases}
\tag{3.7}
$$

的绝对最优解为 $x^* = (0,\ 0)^T$，绝对最优值为 $F^* = (0,\ 1)^T$。

若 $f_1\ (x)\ = x^2$，$f_2\ (x)\ = (x-1)^2$ 则问题 (3.6) 没有绝对最优解，或者说它的绝对最优解不存在。因此，要寻找另外意义下的"解"。为了更直观地解释上述的问题，我们以图示的方式来举例说明。

最优解实际上是一个可行解，而且是能使所有的目标同时达到最优值的解。如图 3-1 所示，R 为可行域，B 点即为最优解。在 B 点处，目标 1 和目标 2 同时达到最优值。

然而，在更多的情况下，由于众多目标之间常常相互矛盾，因此问题的绝对最优解往往不存在。同样还是以上面的可行域为例，如果此时的目标直线如图 3-2 所示，那么 B 点对于目标 2 而言已经最优，但是对于目标 1 来说并不是最优，因为目标 1 的最优点在 C 点，可是 C 点对于目标 2 来说并不是最优的。可见，目标 1 和 2 是两个有冲突的目标，因此不存在能使它们同时达到最优的可行解，即最优解不存在。

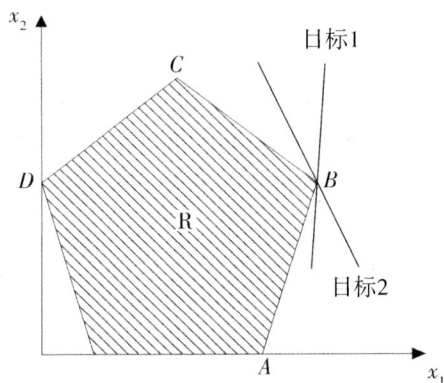

图 3-1 最优值的示例

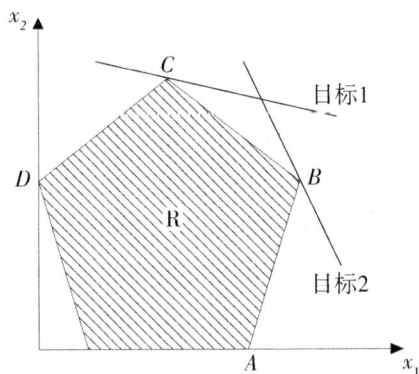

图 3-2 目标冲突的示例

由于这种情况在实际中大量存在，所以我们有必要深入研究这种问题。为此，我们令

$$F(x^{(1)}) = (f_1(x^{(1)}), \cdots, f_p(x^{(1)}))^T$$
$$F(x^{(2)}) = (f_1(x^{(2)}), \cdots, f_p(x^{(2)}))^T$$

在此基础上引入如下的符号进行说明：

（1）符号 "<"

$F(x^{(1)}) < F(x^{(2)})$ 等价于 $f_j(x^{(1)}) < f_j(x^{(1)})$ $(j=1, 2, \cdots, p)$

（2）符号 "≤"

$F(x^{(1)}) \leqslant F(x^{(2)})$ 等价于 $f_j(x^{(1)}) \leqslant f_j(x^{(2)})$ $(j=1, 2, \cdots, p)$，且至少存在某个 j_0 $(1 \leqslant j_0 \leqslant p)$ 使 $f_{j_0}(x^{(1)}) < f_{j_0}(x^{(2)})$

（3）符号"$\leqq$"

$F\left(x^{(1)}\right) \leqq F\left(x^{(2)}\right)$ 等价于 $f_j\left(x^{(1)}\right) \leqslant f_j\left(x^{(2)}\right)$ $(j=1,2,\cdots,p)$

在对上述符号进行说明的基础上，我们给出下面的定义：

定义 3.2 设 $x^* \epsilon R$，若不存在 $X\epsilon R$，满足 $F(x) \leqq F(x^*)$，则称 x^* 为问题（3.5）的有效解，或称 *Pareto* 解，亦称为非劣解。

定义 3.3 设 $x^* \epsilon R''$，若不存在 $x\epsilon R$，满足 $F(x) < F(x^*)$，则称 x^* 为问题（3.5）的弱有效解，或称弱 Pareto 解，亦称为弱非劣解。

我们用 R^* 表示问题（3.5）的绝对最优解所成的集合，用 R_{pa}^* 表示问题（3.5）的有效解所成的集合，用 R_{up}^* 表示问题（3.5）的弱有效解所成的集合，易见 $x^* \epsilon R_{pa}^*$ 意味着找不到一个可行解 $x\epsilon R$，使 $F(x) = (f_1(x), f_2(x),\cdots, f_p(x))^T$ 的每一个目标函数值都不比 $F(x^*) = (f_1(x^*), f_2(x^*),\cdots, f_p(x))^T$ 的相应目标函数值"坏"，并且 $F(x)$ 至少有一个目标函数值比 $F(x^*)$ 的相应目标函数值"好"。即当 $x^* \epsilon R_{pa}^*$ 时，x^* 在"$\leqq$"意义下，已找不到另一个可"改进"的可行解 x。

如果 $x^* \epsilon R_{up}^*$，则意味着找不到一个可行解 $x\epsilon R$，使得 $F(x) = (f_1(x), f_2(x), \cdots, f_p(x))^T$ 的每一个目标函数值都比 $F(x^*) = (f_1(x^*), f_2(x^*), \cdots, f_p(x))^T$ 的相应的目标函数值严格地"好"，即当 $x^* \epsilon R_{up}^*$ 时，x^* 在"$<$"意义下，已找不到另一个可"改进"的可行解 x。

如果用 R_j^* $(j=1,2,\cdots,p)$ 表示单目标规划问题

$$(p_j)\begin{cases}\min f_j(x) \\ \text{s. t.}\quad g_i(x) \leqslant 0, i=1,2,\cdots,m\end{cases}$$

的最优解所成的集合。则显然有

$$R^* = \bigcap_{j=1}^{P} R_i \tag{3.8}$$

而 R^*，R_{pa}^*，R_{up}^*，R，R_1^*，R_2^*，$\cdots$，R_p^* 之间的关系由下面的几个定理给出。

定理 3.1 $R_{pa}^* \subset R_{up}^* \subset R$。

证明：$R_{up}^* \subset R$ 是明显的，所以只需证明 $R_{pa}^* \subset R_{up}^*$。

用反证法证明：假设有 $x\epsilon R_{pa}^*$，但 $x \in R_{up}^*$。由定义 3.3 可知，则必存在 $y\epsilon R$，使 $F(y) < F(x)$，即对 $j=1,2,\cdots,p$，有 $f_j(y) < f_j(x)$ 成立，所以 y 满足 $F(y) \leqq F(x)$，由此推出 $x \in R_{pa}^*$，这与假设相矛盾，因此应有 $x\epsilon R_{pa}^*$，即 $R_{pa}^* \subset R_{up}^*$ 成立。

基于上述定理，我们可以得到以下的两个定理（证明过程略）。

定理 3.2　$R_j^* \subset R_{up}^*$，$j = 1$，2，…，p。

定理 3.3　$R^* \subset R_{pa}^*$。

3.3　多目标规划问题求解方法概述

至今已有很多求解多目标规划问题的计算方法被提出来，其中不少已经在实际应用中得到了广泛的认可，而且新的算法仍在不断地产生和完善。纵观已有的算法，绝大多数是基于以下三种基本思想：

（1）权系数（效用系数）方法；

（2）优先等级方法；

（3）有效解方法。

下面对每一种算法的基本思想进行简要的介绍。

3.3.1　权系数方法

这类方法是在各目标之间寻找一种统一的度量标准——权系数（效用系数），然后将多目标模型转化为单一目标模型。从计算的观点看，该方法很容易理解，但是该方法一个明显的困难是难以找到可信的权系数。特别是当各个目标具有不同的性质、不同的度量单位时，这将更加困难。例如，一个目标是关于利润，另一个目标是关于质量，这就让我们很难估计利润这一目标是质量这个目标重要性的多少倍。又如，一个目标为减少通货膨胀，另一个目标为减少失业人数，则这两个目标哪一个更重要？它们的重要程度的比值（即权系数）又是多少？

3.3.2　优先等级方法

这类方法也是将多目标问题转化为单目标模型，但是它避免了要给各个目标一个很难找到的权系数，而是将各目标按照重要程度分成优先的等级。这一点，对大多数决策者而言还是比较容易做到的。而后，根据所确定的优先级的先后次序来求解。例如，当有质量和利润两个目标时，如果我们认为利润目标的重要性大于质量目标的重要性，则我们先考虑利润目标的优化，而不考虑质量目标。在找到利润的最优值后，再在保证不退化利润指标的情况下，优化质量目标。同理，如果质量目标的重要性高于利润目标的重要性，则首先要优化质量指标，然后在不退化质量目标的前提下优化利润指标。

3.3.3　有效解方法

这类方法与前两类方法有很大的区别，它避免了去寻找各目标间的权系数或优先等级，而是求出所有的有效解。在前面的分析中，我们已经知道有效解本质上意味着，它已经不可能在不破坏其中某一个（或者某一些）目标的情况下改进另一个（或者另一些）目标。因此，满意解一般应是有效解。如果能找到全部的有效解，则把它们提供给决策者，再由决策者去确定哪一个方案更好。不过，这种方法在实际应用中受到很大的限制，这是因为在大多数的实际问题中，有效解的数目非常之多，以致影响了该方法的具体应用。

除了上述三种比较典型的求解方法之外，还有一些方法是上述三类方法中的某些综合。迄今对于多目标规划问题还是缺少十分有效的方法，因此很多学者仍在这个领域孜孜钻研。本教材讨论的多目标规划求解方法是目前比较有代表性的，可以供广大的读者和专业人员借鉴与应用。

3.4　评价函数法

评价函数法是求解多目标规划的一大类方法，它的基本思想是：针对多目标规划问题（3.5）构造一个评价函数 $h(F(x))$，并求解问题

$$\begin{cases} \min h(F(x)) \\ \text{s. t.} \quad x \in R \end{cases} \tag{3.9}$$

然后用（3.9）的最优解 x^* 作为问题（3.5）的最优解。由于可以用不同的方法来构造评价函数，因此有各种不同的评价函数方法。下面介绍常用的几种方法。

3.4.1　理想点法

该方法的原理是：在问题（3.5）中，先分别求解 p 个单目标规划问题：

$$\begin{cases} \min \ f_i(x), \ i=1,2,\cdots,p \\ \text{s. t.} \quad g_j(x) \leqslant 0, \ j=1,2,\cdots,m \end{cases} \tag{3.10}$$

令 $f_i^* = \min\limits_{x \in R} f_i(x), \ i=1,2,\cdots,p$，其中

$$R = \{x \mid g_i(x) \leqslant 0, \ i=1,2,\cdots,m\}$$

构造评价函数

$$h(x) = h(F(x)) = \sqrt{\sum_{i=1}^{p} (f_i(x) - f_i^*)^2} \tag{3.11}$$

再求解问题（3.9），取其最优解 x^* 作为问题（3.5）的最优解。$h(x)$ 也可以取为更一般的形式：

$$h(x) = \Big[\sum_{i=1}^{p}(f_i(x) - f_1^*)^q\Big]^{(1/q)} \quad (q > 1 \text{ 且为整数})$$

以上求得的向量 $F^* = (f_1^*, f_2^*, \cdots, f_p^*)^T$，只是一个理想点，一般不能达到它。上面介绍的是 1975 年 YU 和 Zeleny 提出的方法，其中心思想是定义一种模，在这种模的意义下，找一个点，尽量接近理想点 F^*，使 $h(x) = \|F(x) - F^*\|_q \to \min$，故称为理想点法。

3.4.2 平方和加权法

该方法的原理是：先求出各个单目标规划问题（3.10）的一个尽可能好的下界 $f_1^0, f_2^0, \cdots, f_p^0$，即 $\min\limits_{x \in R} f_i(x) \geqslant f_i^0$，$i = 1, 2, \cdots, p$

然后构造评价函数

$$h(x) = h(F(x)) = \sum_{i=1}^{p} \lambda_i (f_i(x) - f_i^0)^2 \tag{3.12}$$

其中 $\lambda_1, \lambda_2, \cdots, \lambda_p$ 为选定的一组权系数，它们满足

$$\sum_{i=1}^{p} \lambda_i = 1, \ \lambda_i > 0, \ i = 1, 2, \cdots, p \tag{3.13}$$

再求出问题（3.10）的最优解 x^* 作为（3.5）的最优解。权系数 $\lambda_1, \lambda_2, \cdots, \lambda_p$ 的选取方法将在后续的内容中讲述。

3.4.3 线性加权和法

该方法的原理是：对问题（3.5）中的 p 个目标函数 $f_1(x), f_2(x), \cdots, f_p(x)$ 按其重要程度给以适当的权系数 $\lambda_i \geqslant 0$（$i = 1, 2, \cdots, p$），且 $\sum\limits_{i=1}^{p} \lambda_i = 1$，然后构造评价函数 $h(x) = h(F(x)) = \sum\limits_{i=1}^{p} \lambda_i f_i(x)$ 作为新的目标函数，再求解问题（3.9）得最优解 x^*，以 x^* 作为原问题（3.5）的最优解。由于这种方法简单易行，计算量小，常为实际工作者所采用。

3.4.4 极小—极大法（min - max 法）

在对策论中，作决策时，常常要考虑在最不利的情况下找出一个最有利的策略方案，这就是所谓的极小—极大法。按照这种思想，可以构造评价函数

$$h(F(x)) = \max_{1 \leqslant i \leqslant p} \{f_j(x)\} \tag{3.14}$$

然后求解问题：$\begin{cases} \min h(F(x)) = \min\limits_{x \in R} \{\max\limits_{1 \leqslant i \leqslant p} f_i(x)\} \\ \text{s.t.} \quad x \in R \end{cases}$ \quad (3.15)

得最优解 x^*，以 x^* 作为问题（3.5）的最优解，也可选取一组适当的权系数 λ_1，λ_2，$\cdots$，λ_p，使它们满足 $\lambda_i \geqslant 0$（$i = 1$，2，$\cdots$，p）和 $\sum_{i=1}^{p} \lambda_i = 1$，然后将评价函数定义为

$$h\ (F\ (x))\ = \max_{1 \leqslant j \leqslant p}\ \{\lambda_j f_j\ (x)\} \tag{3.16}$$

3.4.5 乘除法

在问题（3.5）中，设对于任意 $x\epsilon R$，各目标函数值均满足 $f_j\ (x)\ >0$，$j = 1$，2，$\cdots$，p。现将目标函数分为两类，不妨设其分别为：

（1）$f_1\ (x)$，$f_2\ (x)$，$\cdots$，$f_t\ (x)$ $\rightarrow$min

（2）$f_{t+1}\ (x)$，$f_{t+2}\ (x)$，$\cdots$，$f_p\ (x)$ $\rightarrow$max

则可构造评价函数

$$h\ (F\ (x))\ = \Big[\prod_{j=1}^{t} f_j\ (x) \Big]\ /\ \Big[\prod_{j=t+1}^{p} f_j\ (x) \Big] \tag{3.17}$$

然后求解问题（3.9），即可得到问题（3.5）的最优解。

3.4.6 对评价函数法的补充说明

上面已经叙述了如何通过构造评价函数，把求解多目标规划问题（3.5）转化为求解单目标规划问题（3.9），从而得到了原问题（3.5）在某种意义下的最优解 x^*。可能读者会问：x^* 是问题（3.5）的有效解（或弱有效解）吗？如果 x^* 既不是有效解，也不是弱有效解，那么 x^* 一定可以改进，而上述解法（评价函数法）就没有什么意义了。为了更清楚认识到这个问题的实质，下面将说明当 $h\ (F\ (x))$ 满足某种单调性质时，x^* 一定是问题（3.5）的有效解或弱有效解。为此，引入如下定义和定理。

定义 3.4 若对任意 F，$\overline{F}\epsilon R^p$，且 $F \leqslant \overline{F}$，都有 $h\ (F)\ <h\ (\overline{F})$ 成立，则称 $h\ (F)$ 是 F 的严格单调增函数。

定义 3.5 若对任意 F，$\overline{F}\epsilon R^p$，且 $F < \overline{F}$，都有 $h\ (F)\ <h\ (\overline{F})$ 成立，则称 $h\ (F)$ 是 F 的单调增函数。

定理 3.4 设 $F\epsilon R^p$，若 $h\ (F)$ 是 F 的严格单调增函数，则问题（3.10）的最优解 $x^* \epsilon R_{pa}^*$。

定理 3.5 设 $F\epsilon R^p$，若 $h\ (F)$ 是 F 的单调增函数，则问题（3.10）的最优解 $x^* \epsilon R_{up}^*$。

这两个定理的证明是类似的，我们只证明定理 3.4。

证明（用反证法证明）：设 $x^* \epsilon R_{pa_-}^*$，则必存在 $y\epsilon R$，使 $F\ (y)\ \leqslant F\ (x^*)$。

由于 $h(F)$ 是 F 的严格单调增函数，所以有 $h(F(y)) < h(F(x^*))$，而这与 x^* 是问题（3.10）的最优解相矛盾。

下面以理想点法来说明评价函数 $h(F)$ 均为严格单调增函数或单调增函数，在此基础上就可根据定理3.4或定理3.5知 $x^* \in R_{pa}^*$ 或 $x^* \in R_{up}^*$。至于其他几种方法的证明，请读者自己参阅相关的文献。

根据理想点法，有：

$h(F) = \left[\sum_{j=1}^{p}(f_j(x) - f_j^*)^q\right]^{1/q}$，其中 $q \geq 2$，且为整数，$f_j(x) \geq f_j^*$，$j = 1, 2, \cdots, p$。

若 $F \leq \overline{F}$，由 $F \geq F^*$，$\overline{F} \geq F^*$，可得

$\overline{f}_j - f_j^* \geq f_j - f_j^* \geq 0$，$j = 1, 2, \cdots, p$

且至少存在某个 j_0（$1 \leq j_0 \leq p$），使

$\overline{f}_{j_0} - f_{j_0}^* \geq f_{j_0} - f_{j_0}^*$

因此 $h(F) < h(\overline{F})$，即 $h(F)$ 为 F 的严格单调增函数。

当我们证明了 $h(F)$ 为 F 的严格单调增函数以后，可以看出，用上述的五种方法求得单目标规划问题（3.9）的最优解 x^* 都是问题（3.5）的有效解或弱有效解，即必有 $x^* \in R_{pa}^*$ 或者 $x^* \in R_{up}^*$。

3.4.7 确定权系数的方法

前面已经提到了评价函数 $h(F(x))$ 的表达式中包含的权系数 λ_1，λ_2，$\cdots$，λ_p，对这些权系数的确定方法，主要有以下的几种。

1. 专家法

"专家"是指有关方面的专家、有经验的工人和专业人员等，邀请他们各自独立地填写如下的调查表（表3-2）。

表3-2 专家调查表

专家 \ 权系数	λ_1	λ_2	$\cdots$	λ_p
1	λ_{11}	λ_{12}	$\cdots$	λ_{1p}
$\cdots$	$\cdots$	$\cdots$	$\cdots$	$\cdots$
N	λ_{N1}	λ_{N2}	$\cdots$	λ_{Np}

表中的 λ_{ij} 是第 i 个专家对第 j 个目标 $f_j(x)$ 给出的权系数（$i = 1, 2, \cdots$，

p）。在表 3 - 2 填好后，用下式可算出权系数 λ_j（$j=1$，2，…，p）的平均值（数学期望）。

$$\lambda_j = \frac{1}{N}\sum_{j=1}^{N}\lambda_j, \ j=1, 2, \cdots, p \tag{3.18}$$

然后对每个专家 i（$1\leqslant i\leqslant N$），算出其估值 λ_{ij} 与平均值 λ_j 的偏差，即

$$\delta_{ij} = |\lambda_{ij}-\lambda_j|, \ j=1, 2, \cdots, p \tag{3.19}$$

再请偏差最大的专家发表意见，通过充分讨论后，再对权系数作适当调整，以便获得较为可靠的数据。

2. α - 方法

α - 方法是 Kapneebmm 等在 1975 年提出。为便于理解，我们先介绍 $p=2$ 情形下的 α - 方法。首先求出问题

$$\begin{cases} \min f_i(x), \ i=1, 2 \\ \text{s. t.} \quad x\in R \end{cases} \tag{P_i}$$

的最优解，设为 $x^{(i)}$（$i=1, 2$）。令

$$f_1^1 = f_1(x^{(1)}), \ f_2^1 = f_2(x^{(1)})$$
$$f_1^2 = f_1(x^{(2)}), \ f_2^2 = f_2(x^{(2)})$$

设过点 $(f_1^1, f_2^1)^T$ 和 $(f_1^2, f_2^2)^T$ 的直线方程为

$$\lambda_1 f_1 + \lambda_2 f_2 = \beta \tag{3.20}$$

其中系数 λ_1，λ_2，β 待定，不妨假设

$$\lambda_1 + \lambda_2 = 1 \tag{3.21}$$

将点 $(f_1^1, f_2^1)^T$ 和 $(f_1^2, f_2^2)^T$ 的坐标代入（3.20）得

$$\begin{cases} \lambda_1 f_1^1 + \lambda_2 f_2^1 = \beta \\ \lambda_1 f_1^2 + \lambda_2 f_2^2 = \beta \end{cases} \tag{3.22}$$

若问题（3.5）不存在绝对最优解，则有

$$f_1^2 = f_1(x^{(2)}) > f_1(x^{(1)}) = f_1^1$$
$$f_2^1 = f_2(x^{(1)}) > f_2(x^{(2)}) = f_2^2$$

若 $f_1^2 = f_1^1$，则说明 $x^{(2)}$ 也是问题（P_1）的最优解。由于 $x^{(2)}$ 已是问题（P_2）的最优解，因此 $x^{(2)}$ 是问题（3.5）的绝对最优解。这与假设问题（3.5）不存在绝对最优解相矛盾。

由方程（3.21）和（3.22）联立，可求出权系数

$$\begin{cases} \lambda_1 = (f_2^1-f_2^2) / [(f_1^2-f_1^1) + (f_2^1-f_2^2)] \\ \lambda_2 = (f_1^2-f_1^1) / [(f_1^2-f_1^1) + (f_2^1-f_2^2)] \end{cases} \tag{3.23}$$

对于一般的具有 p（$p\geqslant 2$）个目标的情况，可以完全类似地求出。

首先求出 p 个问题

$$\begin{cases} \min f_i(x), & i=1, 2, \cdots, p \\ \text{s. t.} \quad x\in R \end{cases} \qquad (P_i)$$

的最优解，记为 $x^{(i)}$ $(i=1, 2, \cdots, p)$。令

$$f_j^i = f_j(x^{(i)}), \quad j=1, 2, \cdots, p; \ i=1, 2, \cdots, p$$

设经过 p 个点 $(f_1^i, f_2^i \cdots, f_p^i)^T$ $(i=1, 2, \cdots, p)$ 的超平面方程为

$$\lambda_1 f_1 + \lambda_2 f_2 + \cdots + \lambda_p f_p = \beta$$

其中

$$\lambda_1 + \lambda_2 \cdots + \lambda_p = 1$$

于是有

$$\begin{cases} \sum_{j=1}^{p} \lambda_j f_j^i = \beta, & i=1, 2, \cdots, p \\ \sum_{j=1}^{p} \lambda_j = 1 \end{cases} \qquad (3.24)$$

式（3.24）是含有 $(p+1)$ 个变量：λ_1，λ_2，$\cdots$，λ_p，β，以及 $(p+1)$ 个方程的线性方程组。当问题（3.5）不存在绝对最优解时，式（3.24）有唯一的一组解，这就是所要求的权系数（β 除外）。

3.5 处理多目标规划问题的其他方法

除了在前面所重点介绍的评价函数法以外，在实际中还有几种常用的处理方法，本节将作简要的介绍。

3.5.1 约束法

在问题（3.5）中，从 p 个目标函数 $f_1(x)$，$f_2(x)$，$\cdots$，$f_p(x)$ 中，若能够确定出一个主要目标，例如 $f_1(x)$，而对其他的目标函数 $f_2(x)$，$\cdots$，$f_p(x)$，只要求满足一定的条件即可，例如要求

$$a_i \leqslant f_i(x) \leqslant b_i, \quad i=1, 2, \cdots, p$$

这样，我们就可以把其他目标当作约束条件来处理，则问题（3.5）可化为求解如下的规划问题：

$$\begin{cases} \min \quad f_1(x) \\ \text{s. t.} \quad g_i(x) \leqslant 0, \ i=1, 2, \cdots, m \\ a_j \leqslant f_j(x) \leqslant b_j, \ j=2, 3, \cdots p \end{cases} \qquad (3.25)$$

3.5.2　分层序列法

求解问题（3.5）的分层序列法是把其中的 p 个目标按其重要程度排一个次序。例如，假设问题（3.5）中的 p 个目标的次序已排好：$f_1(x)$ 最重要，$f_2(x)$ 次之，$f_3(x)$ 再次之，最后一个目标为 $f_p(x)$。先求出问题

$$\begin{cases} \min f_1(x) \\ \text{s. t.}\quad g_i(x) \leqslant 0,\ i=1,2,\cdots,m \end{cases} \qquad (P_1)$$

的最优解 $x^{(1)}$ 及最优值 $f_1^*(x)$。即

$$\min_{x\in R} f_1(x) = f_1^*$$

其中

$$R = \{x \mid g_i(x) \leqslant 0,\ i=1,2,\cdots,m\}$$

再求解问题

$$\begin{cases} \min f_2(x) \\ \text{s. t.}\quad x\in R_1 \end{cases} \qquad (P_2)$$

其中

$$R_1 = R \cap \{x \mid f_1(x) \leqslant f_1^*\}$$

设问题 (P_2) 的最优解为 $x^{(2)}$，最优值为

$$f_2^* = \min_{x\in R_1} f_2(x)$$

继续求解问题

$$\begin{cases} \min f_3(x) \\ \text{s. t.}\quad x\in R_2 \end{cases} \qquad (P_3)$$

其中

$$R_2 = R_1 \cap \{x \mid f_1(x) \leqslant f_2^*\}$$

如此继续下去，直到求出第 p 个问题

$$\begin{cases} \min f_p(x) \\ \text{s. t.}\quad x\in R_{p-1} \end{cases} \qquad (P_p)$$

的最优解 $x^{(p)}$，及最优值 f_p^*。其中

$$R_{p-1} = R_{p-2} \cap \{x \mid f_{p-1}(x) \leqslant f_{p-1}^*\}$$

这样求得的 $x^{(p)}$ 就是问题（3.5）在分层序列意义下的最优解，即：$x^* = x^{(p)}$，而

$$F^* = (f_1(x^*), f_2(x^*), \cdots, f_p(x^*))^T$$

为问题（3.5）的最优值，可以证明：x^* 是问题（3.5）的有效解，至于

证明过程请读者参阅相关的资料。

对上述的分层序列法稍加分析即可看出：若对某个问题（P_i），其最优解是唯一的，则问题（P_{i+1}），…，（P_p）的最优解也是唯一的，且 $x^{(i+1)}=x^{(i+2)}=\cdots=x^{(p)}=x^{(i)}$。因此，常将分层序列法修改如下：选取一组适当的小正数 ε_1，ε_2，…，ε_{p-1}，称为宽容值，即按照各个目标函数的不同要求，预先给定关于相应目标函数最优值的允许误差，将问题（P_i）修改为

$$\begin{cases} \min f_j(x) \\ \text{s.t.} \quad x \in R_{(j-1)} = R_{(j-2)} \cap \{x \mid f_{j-1}(x) \leqslant f_{j-1}^* + \varepsilon_{j-1}\} \ (P_j), j=2,3,\cdots,p \end{cases}$$

再按照上述的分层序列法依次求解各个问题（P_2），（P_3），…，（P_p）。

3.6　应用计算机软件求解多目标规划问题

如果需要用软件程序求解多目标规划问题，可以用目标达到法来实现。具体的做法是，通过调用 Matlab 软件系统优化工具箱中的 fgoalattain 函数实现。本教材所选用的程序及例题来源于徐建华主编的《计量地理学》（高教出版社，2005 年），读者如果想了解更多细节，可以参阅此书。

在 Matlab 的优化工具箱中，fgoalattain 函数用于解决此多目标规划问题的求解。其数学模型形式为：

minγ

$F(x) - weight \cdot \gamma \leqslant goal$

$c(x) \leqslant 0$

$ceq(x) = 0$

$Ax \leqslant b$

$Aeq \cdot x = beq$

$lower \leqslant x \leqslant upper$

其中，x，$weight$，$goal$，b，beq，$lower$ 和 $upper$ 为向量；A 和 Aeq 为矩阵；$c(x)$，$ceq(x)$ 和 $F(x)$ 为函数。具体的含义在下面专门介绍。

调用格式如下：

$x =$ fgoalattain（F，x_0，$goal$，$weight$）

$x =$ fgoalattain（F，x_0，$goal$，$weight$，A，b）

$x =$ fgoalattain（F，x_0，$goal$，$weight$，A，b，Aeg，beg）

$x =$ fgoalattain（F，x_0，$goal$，$weight$，A，b，Aeg，beq，$lower$，$upper$）

$x =$ fgoalattain（F，x_0，$goal$，$weight$，A，b，Aeg，beq，$lower$，$upper$，nonlcon）

　　x = fgoalattain （F，X_0，goal，weight，A，b，Aeg，beq，lower，upper，nonlcon，options）

　　x = fgoalattain （F，x_0，goal，weight，A，b，Aeg，beq，lower，upper，non-lcon，P_1，P_2）

　　$[x，fval]$ = fgoalattain （…）

　　$[x，fval，attainFactor]$ = fgoalattain （…）

　　$[x，fval，attainFactor，exitflag，output]$ = fgoalattain （…）

　　$[x，fval，attainFactor，exitflag，output，lambda]$ = fgoalattain （…）

　　说明：F 为目标函数；x_0 为初值；goal 为 F 达到的指定目标；weight 为参数指定权重；A、b 为线性不等式约束的矩阵与向量；Aeq、beq 为等式约束的矩阵与向量；lower 和 upper 为变量 x 的上、下界向量；nonlcon 为定义非线性不等式约束函数 c（x）和等式约束函数 ceq（x）；options 中设置优化参数。

　　上述程序的调用结果是：x 返回最优解；fval 返回解 x 处的目标函数值；attainFactor 返回解 x 处的目标达到因子；exitflag 描述计算的退出条件；output 返回包含优化信息的输出参数；lambda 返回包含拉格朗日乘子的参数。

　　为了更好理解上述程序，我们通过以下的例题来说明。

　　例4　某企业拟生产 A 和 B 两种产品，其生产投资费用分别为 2 100 元/吨和 4 800 元/吨。A、B 两种产品的利润分别为 3 600 元/吨和 6 500 元/吨。A、B 产品每月的最大生产能力分别为 5 吨和 8 吨；市场对这两种产品总量的需求每月不少于 9 吨。试问该企业应该如何安排生产计划，才能既能满足市场需求，又节约投资，而且使生产利润达到最大。

　　解：该问题是一个线性多目标规划问题。如果计划决策变量用 x_1 和 x_2 表示，它们分别代表 A、B 产品每月的生产量（单位：吨）；f_1（x_1，x_2）表示生产 A、B 两种产品的总投资费用（单位：元）；f_2（x_1，x_2）表示生产 A、B 两种产品获得的总利润（单位：元）。那么，该多目标规划问题就是：求 x_1 和 x_2，使得：

　　$\min f_1$（x_1，x_2）$= 2\,100x_1 + 4\,800x_2$

　　$\max f_2$（x_1，x_2）$= 3\,600x_1 + 6\,500x_2$

　　而且满足：

$$\begin{cases} x_1 \leqslant 5 \\ x_2 \leqslant 8 \\ x_1 + x_2 \geqslant 9 \\ x_1, \ x_2 \geqslant 0 \end{cases}$$

求解程序如下：

①编辑目标函数 M 文件 ff12. m

function $f = ff12\ (x)$

$f\ (1)\ = 2100 * x_1 + 4800 * x_2;$

$f\ (2)\ = 3600 * x_1 - 6500 * x_2;$

②按给定目标取：

goal = ［30000，－45000］；

weight = ［30000，－45000］；

③赋值：

x_0 = ［2，2］

A = ［1 0；0 1；－1 －1］；

b = ［5，8，－9］；

lower = *zeros* （2，1）；

④调用 fgoalattain 函数：

［*x*，*fval*，*attainFactor*，*exitflag*］

= fgoalattain （@*ff*12，x_0，*goal*，*weight*，*A*，*b* ［ ］，［ ］，*lower*，［ ］）

运行后，输出结果为：

x = 　　5　　4

fval = 　29700　　－44000

attainFactor = 　　－0. 0100

exitflag = 　　1

　　例 5　某企业拟用 1 000 万元投资于 A、B 两个项目的技术改造。设 x_1、x_2 分别表示分配给 A、B 项目的投资（万元）。据估计，投资项目 A、B 的年收益分别为投资的 60% 和 70%；但投资风险损失与总投资和单项投资均有关系：$0.001x_1^2 + 0.002x_2^2 + 0.001x_1x_2$。据市场调查显示，A 项目的投资前景好于 B 项目，因此希望 A 项目的投资额不小 B 项目。试问应该如何在 A、B 两个项目之间分配投资，才能既使年利润最大，又使风险损失为最小？

　　解：该问题是一个非线性多目标规划问题，将它用数学语言描述出来，就是：求 x_1、x_2，使：

$$\max f_1 \ (x_1,\ x_2) \ = 0.6x_1 + 0.7x_2$$

$$\min f_2 \ (x_1,\ x_2) \ = 0.001x_1^2 + 0.002x_2^2 + 0.001x_1x_2$$

而且满足：

$$\begin{cases} x_1 + x_2 = 1\ 000 \\ -x_1 + x_2 \leqslant 0 \\ x_1,\ x_2 \geqslant 0 \end{cases}$$

求解程序如下：

①首先编辑目标函数 M 文件 *ff*13. *m*

  function $f = ff13 \ (x)$

  $f \ (1) \ = 0.6 * x_1 + 0.7 * x_2;$

  $f \ (2) \ = 0.001 * x_1\text{^}2 + 0.001 * x_2\text{^}2 + 0.001 * x_1 * x_2;$

②按给定目标取：

  $goal = [-625,\ 875];$

  $weight = [-625,\ 875];$

③给出：

  $x_0 = [200,\ 200]$

  $A = [-1,\ 1];$

  $b = 0;$

  $Aeq = [1,\ 1];$

  $beq = 1000;$

  $lower = zeros \ (2,\ 1);$

④调用 fgoalattain 函数：

  $[x,\ fval,\ attainFactor,\ extiflag]$

  $= fgoalattain \ (@ff13,\ x_0,\ goal,\ weigt,\ A,\ b,\ Aeq,\ beq,\ lower,\ [\ ])$

  运行后，输出结果为：

  $x = \qquad 750.0000 \qquad 250.0000$

  $fval = \qquad -625.0000 \qquad 875.0000$

  $attainFactor = \qquad -5.4254e-016$

  $exitflag = \qquad 1$

本章小结

多目标规划方法是解决多目标优化问题的有效工具，广泛应用于经济学、工程优化设计、地区发展规划、数理经济学和环境保护问题等许多领域。在许多实际问题中，由于各个目标的量纲一般是不相同的，所以在多目标规划中要把每个目标事先规范化。多目标规划还能处理有相互矛盾约束条件的规划问题，这些规划问题的解有可能是绝对最优解、非劣解和弱非劣解。本章介绍了多目标规划的基本概念和数学模型，给出了多目标规划的解集的概念，并介绍了几种典型的处理多目标规划的方法。

练习题

1. 某化工厂拟生产两种产品 A 和 B，它们都将造成环境污染，其公害损失可折算成费用。其公害损失费用、生产设备费用和产品的最大生产能力如下表：

产品	公害损失 （万元/t）	生产设备率 （万元/t）	最大生产能力 （t/月）
A	4	2	5
B	1	5	6

已知每月市场的需求总量不少于 7t。问：工厂应如何安排每月的生产计划，在满足市场需要的前提下，使公害损失和设备投资均达到最小？①建立上述问题的数学模型；②求解此问题（用线性加权和法，取 $\omega_1 = 0.6$，$\omega_2 = 0.4$）。

2. 某厂生产 A、B 两种型号的摩托车，每辆车的利润分别为 100 元和 80 元。平均生产时间分别为 3h（A 种）和 2h（B 种）。该厂每周生产时间为 120h，但可加班 48h，在加班时间内生产每辆车的利润分别为：90 元（A 种）和 70 元（B 种）。市场每周需要 A、B 两种车各 30 辆以上，问应如何安排每周的生产计划，在尽量满足市场需要的前提下，使利润最大，而加班时间最少。试建立数学模型。

3. 设多目标规划问题为
$$\begin{cases} V - \min F(x) = (f_1(x), f_2(x))^T \\ \text{s. t.} \quad x \geqslant 0, x \in R \end{cases}$$
其中
$$f_1(x) = (x-1)^2 + 1$$

$$f_2(x) = \begin{cases} -x+4, & x \leqslant 3 \\ 1, & 3 < x \leqslant 4 \\ x-3, & x > 4 \end{cases}$$

求 R_1^*, R_2^*, R_{pa}^*, R^*。

4. 求多目标规划问题

$$\begin{cases} V-\min F(x) = (f_1(x), f_2(x))^T \\ \text{s. t.} \quad x_2 + x_3 = 3 \\ x_1 + x_2 + x_4 = 5 \\ x_i \geqslant 0, \ i = 1, 2, 3, 4 \end{cases}$$

在分层序列意义下的最优解〔设 $f_1(x)$ 比 $f_2(x)$ 重要〕，其中

$$f_1(x) = -2x_1 - x_2$$
$$f_2(x) = -x_1$$

5. 用乘除法求解多目标规划问题：

$$\begin{cases} \max f_1(x) = 2x_1 + x_2 \\ \min f_2(x) = x_1 - x_2 \\ \text{s. t.} \ -x_1 - x_2 \leqslant 4 \\ x_1 + x_2 \leqslant 8 \\ x_1 \geqslant 1, \ x_2 \geqslant 0 \end{cases}$$

6. 用线性加权和法求解问题；

$$\begin{cases} V-\min F(x) = (f_1(x), f_2(x))^T \\ \text{s. t.} \quad 3x_1 + 8x_2 \leqslant 12 \\ x_1 + x_2 \leqslant 3 \\ 0 \leqslant x_1 \leqslant 1.5, \ x_2 \geqslant 0 \end{cases}$$

其中

$$f_1(x) = -2x_1 - 8x_2, \ f_2(x) = -6x_1 - x_2$$
$$\lambda_1 = 2/3, \ \lambda_2 = 1/3$$

7. 求解如下的多目标规划问题：

$$(1) \begin{cases} V-\min F(x) = (f_1(x), f_2(x), f_3(x))^T \\ \text{s. t.} \quad x_1 + x_2 \leqslant 2 \\ x_1 - x_2 \leqslant 1 \\ x_1, x_2 \geqslant 0 \end{cases}$$

其中
$$f_1(x) = x_1 + x_2, \quad f_2(x) = x_1 - x_2, \quad f_3(x) = 3x_1 + 2x_2$$

(2)
$$
\begin{cases}
V - \min F(x) = (f_1(x), f_2(x))^T \\
\text{s. t. } -x_1 - x_2 \leqslant 4 \\
x_1 + x_2 \leqslant 8 \\
x_1, \ x_2 \geqslant 0
\end{cases}
$$

其中
$$f_1(x) = x_1^2 - x_2, \quad f_2(x) = 2x_2, \quad \lambda_1 = 1/3, \quad \lambda_1 = 2/3$$

8. 某厂生产 A、B 两种布料，该厂两班生产，每周生产总时间为 80 小时，两种产品的预测销售量、生产率和盈利如下表：

产品	预测销售量 （万米/周）	生产率（m/h）	单位利润（元/m）
A	7	1 000	0. 5
B	4.5	1 000	0. 3

该厂决策者提出目标如下，试建立数学模型。

第一目标：充分利用现有生产能力，避免设备闲置；

第二目标：周加班时间限制在 10 小时以内；

第三目标：两种产品周生产量应满足预测销售量，满足程度的权重之比等于它们单位利润之比；

第四目标：尽量减少加班时间。

9. 用图解法求解
$$
\begin{cases}
\min z = (P_1 d_1^-, \ P_2 d_2^+, \ P_3 d_3^-, \ P_4, \ d_4^-) \\
\text{s. t. } x_1 + 2x_2 + d_1^- + d_1^+ = 6 \\
x_1 + 2x_2 + d_2^- + d_2^+ = 9 \\
x_1 - 2x_2 + d_3^- + d_3^+ = 4 \\
x_2 + d_4^- - d_4^+ = 2 \\
x_1, \ x_2 \geqslant 0, \ d_i^-, \ d_i^+ \geqslant 0, \ i = 1, \ 2, \ 3, \ 4
\end{cases}
$$

4　博弈论

本章要求

☐ 了解博弈论的含义
☐ 掌握博弈的数学表示方法和纳什均衡的概念
☐ 掌握纯策略和混合策略纳什均衡的求解方法
☐ 掌握完全信息动态博弈的扩展式表述方法
☐ 掌握子博弈精炼纳什均衡的概念及求解方法

4.1　概述

博弈论（game theory）所研究的是两个或两个以上参加者在某种对抗性或竞争性的场合下各自作出决策，使自己一方得到尽可能有利的结果。从这点来看，博弈论是研究具有斗争或竞争性质现象的数学理论和方法。

博弈论思想古已有之，我国古代的《孙子兵法》不仅是一部军事著作，而且算是最早的一部博弈论专著。博弈论最初主要研究象棋、桥牌、赌博中的胜负问题，那时人们对博弈局势的把握只停留在经验上，没有向理论化发展。博弈论正式发展成一门学科是在 20 世纪初。1928 年，冯·诺伊曼证明了博弈论的基本原理，从而宣告了博弈论的正式诞生。1944 年，冯·诺伊曼和摩根斯坦合著的划时代巨著《博弈论与经济行为》将二人博弈推广到 n 人博弈结构，并将博弈论系统应用于经济领域，从而奠定了这一学科的基础和理论体系。纳什的开创性论文《n 人博弈的均衡点》（1950）、《非合作博弈》（1951）等，给出了纳什均衡的概念和均衡存在定理。此外，海萨尼、泽尔腾的研究也对博弈论发展起到了推动作用。虽然 20 世纪五六十年代是博弈论研究发展最重要的阶段，但博弈论真正得到重视并被看作重要的经济理论还是近十多年的事。1994 年，三位长期致力于博弈论的理论和应用研究的学者——纳什、海萨尼和泽尔腾共同获得诺贝尔经济学奖，使博弈论作为重要的经济学科的地位得到了最具权威性的肯定。

博弈论来自生活。在日常生活中，经常看到一些具有相互之间斗争或竞争性质的行为。例如每个小学生都会玩的"石头、剪子、布"游戏，石头击败剪子，剪子胜布，布赢石头。又如成年人的划拳，杠子打老虎，老虎吃鸡，鸡吃虫，虫咬杠子。游戏的双方都想胜出，但怎样才能赢得竞局。随着经济的日益发展与全球化，越来越多的竞局摆在人们面前：国家面临着怎样发展本国经济，摆脱外国对本国的控制或怎样去影响、控制别国以取得最大的经济利益。政治方面，国际间的谈判、各种政治力量之间的斗争、各国际集团之间的斗争等都极具竞争的性质。各公司、企业之间为争夺市场而进行着激烈的竞争。在生产过程中，如果将企业的员工看成一方，将各种费用、消耗、成本及损失等看成另一方，则生产过程也可以看成双方的竞局过程。具有竞争或对抗性质的行为称为博弈行为。在这类行为中，参加斗争或竞争的各方各自具有不同的目标和利益。为了达到各自的目标和利益，各方必须考虑对手的各种可能的行动方案，并力图选取对自己最为有利或最为合理的方案。博弈论就是研究博弈行为中各方是否存在着最合理的行动方案，以及如何找到这个最合理的行动方案的数学理论和方法。

4.2　博弈论的基本概念

虽然博弈来源于竞争，但并非所有的竞争都构成博弈。例如，两个人玩掷骰子竞赛，出现点数最多者获胜，这只是两人竞争胜负，并不构成博弈，而两个孩子玩"石头、剪子、布"的游戏，就构成博弈。也就是说，要构成博弈，必须具备博弈的基本要素。下面用"田忌赛马"的例子来说明博弈的基本概念。

战国时期，齐王有一天提出要与田忌进行赛马。田忌答应后，双方约定：①各自出三匹马；②从上、中、下三个等级的马中各出一匹；③每匹马都得参加比赛，而且只参加一次；④每次比赛各出一匹马，一共比赛三次；⑤每次比赛后负者要付给胜者1千金。当时的情况是：在同等级的马中，田忌的马不如齐王的马，因而从总体情况来看，田忌将要输掉3千金了。但是，如果田忌的马比齐王的马高一等级，则田忌的马可取胜。于是，田忌的好友孙膑便给田忌出了个主意：①每次比赛先让齐王说出他要出哪匹马；②叫田忌用下马对齐王的上马（负）；③用中马对齐王的下马（胜）；④用上马对齐王的中马（胜）。比赛结果是田忌二胜一负获得1千金。这是博弈问题中以弱胜强的典型例子。

4.2.1 博弈的三个基本要素

1. 参与人

我们把博弈的每一方称为参与人（players）。这里的参与人必须是在一局博弈中有权决定实施策略的人，而那些在一局博弈中，既不作决策而结局又与其得失无关的人（如棋赛时的公证人等），就不算参与人。显然，在"田忌赛马"的例子中，参与人是齐王和田忌，而不是参加比赛的马，也不是田忌的好友孙膑。在后面的讨论中，我们把一局博弈中全体参与人的集合用符号 I 表示。

参与人或为个人，或为集体，我们把那些利益完全一致的参加者们看作一个参与人，也可把大自然理解为参与人。我们还假定参与人都是同样聪明、有理智的。

我们把只有两个参与人的博弈现象称为两人博弈（two-person game），而多于两个参与人的博弈称为多人博弈。"田忌赛马"就是一个两人博弈。

2. 策略及策略集

我们把参与人预先拥有的用来对付其他参与人的完整的行动方案和手段，称为参与人的一个策略（strategy）。这里所说的策略必须是参与人选择的实际可行的通盘筹划的完整的行动方案，并非指竞争过程中某一步所采取的局部方案。例如在"田忌赛马"的例子中，"先出上马"只是作为一个策略的一个组成部分，并非一个完整的策略，而完整的策略是一开始就要把各人的三匹马排好次序，然后依次出赛。那么三匹马排列的一个次序就是一个完整的行动方案，称为一个策略。如田忌先出下马，然后出中马，最后出上马——简记为（下、中、上）——就是田忌的一个策略。每个参与人拥有的策略的个数可以相同也可不同，可以是有限个也可以是无限个。我们把一个参与人的策略的全体称为这个参与人的策略集。在"田忌赛马"的例子中，齐王和田忌各有六个策略：①（上、中、下）；②（上、下、中）；③（中、上、下）；④（中、下、上）；⑤（下、中、上）；⑥（下、上、中），这六个策略构成参与人的策略集。我们用符号 S_i 表示参与人 i 的策略集。

如果在一局博弈中，各个参与人都有有限个策略，我们称为有限博弈（finite game），否则称为无限博弈（infinite game）。例如，"田忌赛马"就是一个有限博弈。而市场竞争中，因价格变动可能有无限多个值，故可认为是无限博弈。

3. 支付及支付函数

参与人采用不同策略博弈时，各方总是有得或有失，统称支付（payoff）

或得失。在"田忌赛马"的例子中，最后田忌得 1 千金，而齐王损失 1 千金，即为这局博弈双方的支付。可以用 1 和 −1 来表示。

实际上，每个参与人在一局博弈结束时的支付，是与参与人所选定的策略有关的，例如在"田忌赛马"中，当齐王出策略（上、中、下），田忌出策略（下、上、中）时，田忌得 1 千金；而如果齐王与田忌都出策略（上、中、下）时，田忌就得付出 3 千金了。所以用数学语言来说，一局博弈结束时，每个参与人的支付是全体参与人所取定的一组策略的函数，通常称为支付函数（payoff function）。我们用符号 H_i 表示参与人 i 的支付函数。

在博弈论中，从每个参与人的策略集中各取一个策略，组成的策略组，称为一个局势（situation），用 S 表示。支付是局势的函数。当在任一局势中，全体参与人的支付相加总和等于零时，这个博弈就称为零和博弈（zero-sum game），否则就称为非零和博弈。例如"田忌赛马"就是一个零和博弈。

4.2.2 博弈的数学模型

一个博弈模型是由参与人、策略集、支付函数这三部分组成的，用
$$G = \{I = \{1, 2, \cdots, n\}, \quad S_i, i\epsilon I, \quad H_i(S), i\epsilon I\}$$
表示。

博弈的进行过程是这样的：每个参与人都从自己的策略集 S_i 中选出一个策略 $S_{(i)}$，$S_{(i)}\epsilon S_i$，就组成一个局势 $S = (S_{(1)}, S_{(2)}, \cdots, S_{(n)}) \epsilon \prod_{i=1}^{n} S_i$，把局势 S 代入每个参与人的支付函数 $H_i(S)$ 中，参与人 i 就获得 $H_i(S)$，这局博弈就结束了。

例 1　猜硬币游戏

甲、乙各出示一枚硬币，在不让对方看见的情况下，将硬币放在桌上，若两个硬币都呈正面或都呈反面，则甲得 1 分，乙付出 1 分；若两个硬币一反一正，则乙得 1 分，甲付出 1 分。

两个参与人甲、乙各有两个策略，即出示硬币的正面或反面。用 α_1、α_2 分别表示参与人甲出示正面和反面这两个策略；用 β_1、β_2 分别表示参与人乙出示正面和反面这两个策略。$S_1 = (\alpha_1, \alpha_2)$，$S_2 = (\beta_1, \beta_2)$。当两个参与人分别从自己的策略集中选定一个策略以后，就得到一个局势，这个游戏的局势集合是 $S_1 \times S_2 = \{(\alpha_1, \beta_1), (\alpha_1, \beta_2), (\alpha_2, \beta_1), (\alpha_2, \beta_2)\}$。两个参与人的支付函数 H_1、H_2 是定义在局势集合上的函数，由给定的规则可得到
$$H_1(\alpha_1, \beta_1) = 1, \quad H_1(\alpha_1, \beta_2) = -1, \quad H_1(\alpha_2, \beta_1) = -1,$$

H_1（α_2，β_2）$=1$

　　H_2（α_1，β_1）$= -1$，　　H_2（α_1，β_2）$= 1$，　　H_2（α_2，β_1）$= 1$，

H_2（α_2，β_2）$= -1$

　　例2　甲、乙、丙三个人做一个游戏，每个人同时出示一个硬币的正面或反面。如果三个人出示的全是正面或全是反面，则三个人的支付都是0。如果有两个人出示正面，一个人出示反面，则出示反面的人扣两分，两个出示正面的人每人各得一分；如果有两个人出示反面，一个人出示正面，则出示正面的人扣两分，两个出示反面的人每人各得一分。

　　这是一个三人博弈，参与人集合 $I =$ ｛1，2，3｝，每个参与人有两个策略：出示正面或反面。如果用1代表出示正面，用0代表出示反面，那么

$$S_1 = \{0，1\}，S_2 = \{0，1\}，S_3 = \{0，1\}$$

是参与人甲、乙、丙的策略集，局势为

$$S_1 \times S_2 \times S_3 = \{ (x_1，x_2，x_3) \mid x_i = 0，1；i = 1，2，3\}$$

用 H_1（x_1，x_2，x_3）表示参与人甲的支付函数，则

H_1（0，0，0）$=0$，　　H_1（0，1，0）$=1$，　　H_1（0，1，1）$= -2$，

H_1（0，0，1）$=1$

　　H_1（1，0，0）$= -2$，　　H_1（1，1，0）$=1$，　　H_1（1，1，1）$=0$，

H_1（1，0，1）$=1$

　　同样可以求出参与人乙、参与人丙的支付函数 H_2（x_1，x_2，x_3）、H_3（x_1，x_2，x_3）。

4.2.3　博弈的分类

　　博弈的种类很多，每个方面的特征都可以作为博弈分类的依据。根据参与人的数量可以分为两人博弈、多人博弈，多人博弈还可以进一步分为结盟博弈与不结盟博弈；根据博弈中所选策略的数量可分为有限博弈和无限博弈；根据得失函数的情况可分为零和博弈、常和博弈与变和博弈；根据博弈过程可分为静态博弈、动态博弈和重复博弈；根据信息结构可分为完全信息博弈和不完全信息博弈，以及完全信息动态博弈和不完全信息动态博弈；根据博弈双方的理性行为和逻辑差别分为完全理性博弈和有限理性博弈、非合作博弈和合作博弈。

$$
博弈分类
\begin{cases}
按博弈方式
\begin{cases}
合作博弈 \\
非合作博弈
\begin{cases}
完全理性 \\
有限理性
\end{cases}
\end{cases} \\[4mm]
按博弈人数
\begin{cases}
多人博弈 \\
二人博弈
\begin{cases}
二人零和博弈 \\
二人非零和博弈
\end{cases}
\end{cases} \\[4mm]
按博弈状态
\begin{cases}
静态博弈
\begin{cases}
完全信息静态博弈 \\
不完全信息静态博弈
\end{cases} \\
动态博弈
\begin{cases}
完全信息动态博弈 \\
不完全信息动态博弈
\end{cases}
\end{cases}
\end{cases}
$$

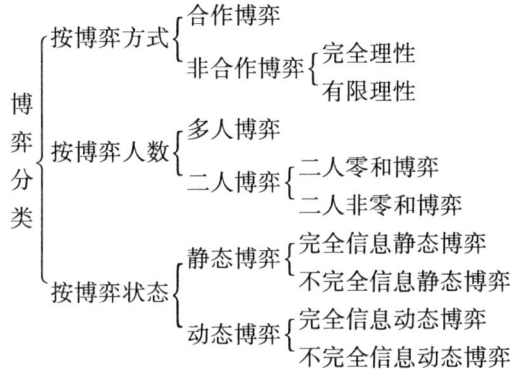

图 4-1　博弈的分类

限于篇幅，本章只探讨完全信息静态博弈和完全信息动态博弈这两种博弈类型。

4.3　完全信息静态博弈

我们首先考虑完全信息静态博弈。所谓完全信息静态博弈即各参与人同时决策，且所有参与人对博弈中各种情况下的得失都完全了解的博弈。

完全信息静态博弈中的一个重要概念是纳什均衡。纳什均衡在非合作博弈分析中具有十分关键的作用和地位。通过对经典博弈模型的分析，我们知道，对于博弈中的每一个参与人，真正成功的措施应该是针对其他参与人所采取的每次行动相应地采取有利于自己的反应策略。于是，每一个参与人应采取的策略必定是他对其他参与人策略的预测的最佳反应。纳什均衡正是体现这一基本原则。

4.3.1　纳什均衡的概念

用 G 表示一个博弈，若一个博弈中有 n 个参与人，则每个参与人可选策略的集合称为策略集，分别用 S_1，S_2，$\cdots$，S_n 表示；S_{ij} 表示参与人 i 的第 j 个策略，其中 j 可取有限个值（有限策略博弈），也可取无限个值（无限策略博弈）；博弈方 i 的得益用 h_i 表示；h_i 是各参与人策略的多元函数，n 个参与人的博弈常写成

$$G = \{S_1, S_2, \cdots S_n; h_1, h_2, \cdots h_n\}$$

定义 4.1　在博弈 $G = \{S_1, S_2, \cdots, S_n; h_1, h_2, \cdots, h_n\}$ 中，如果由

各个博弈方各选取一个策略组成的策略组合（S_1^*，S_2^*，…，S_n^*）中，任一博弈 i 的策略为 S_i^* 都是应对其他博弈方策略的组合（S_1^*，…，S_i^*，S_{i+1}^*，…，S_n^*）的最佳策略，即

$$h_i\left(S_1^*, \cdots, S_{i-1}^*, S_i^*, S_{i+1}^*, \cdots, S_n^*\right) \geq h_i\left(S_1^*, \cdots, S_{i-1}^*, S_{ij}, S_{i+1}^*, \cdots, S_n^*\right)$$

对任意 $S_{ij} \in S_i$ 都成立，则称（S_1^*，S_2^*，…S_n^*）为一个纯策略纳什均衡。

下面这个例子是特别经典的"囚徒困境"博弈。

例3 警察抓住了两个罪犯，但警察局却缺乏足够的证据指证他们所犯的罪行。如果罪犯中至少有一人供认犯罪，就能确认罪名成立。为了得到所需的口供，警察将这两名罪犯分别关押以防止他们串供或结成攻守同盟，并分别跟他们讲清了他们的处境和面临的选择：如果他们两人都拒不认罪，则他们会被以较轻的妨碍公务罪各判1年徒刑；如果两人中有一人坦白认罪，则坦白者会被立即释放而另一人将重判10年徒刑；如果两人都坦白认罪，则他们将被各判8年监禁。

分析：参与人为两个囚徒，两个人都有两种策略（坦白、不坦白），两人的策略集共有四个元素。我们用 -1、-8、-10 分别表示被判刑的得益，用0表示被释放的得益，则可由下面的得益矩阵予以表示：

表4－1

因徒2 ＼ 因徒1		策略	
		坦白	不坦白
策略	坦白	$(-8, -8)$	$(0, -10)$
	不坦白	$(-10, 0)$	$(-1, -1)$

对两个参与人来讲，各自都有两种可选择的策略，但各方的支付不仅取决于自己的策略选择，也取决于另一方的对应选择，该博弈共有四种可能的结果，在这些结果中，每个博弈方可取得的最好得益是0，最坏得益是 -10。参与人的唯一目标就是要实现自身的最大得益。

每个参与人选择自己的策略时，虽然无法知道另一方的实际选择，但他却不能忽视另一方的选择对自己的得益的影响，因此他应该考虑到另一方有两种可能的选择，并分别考虑自己相应的最佳策略。对因徒1来说，因徒2有坦白和不坦白两种可能的选择，假设因徒2选择的是不坦白，则对因徒1来说，不

坦白得益为 -1，坦白（得益）为 0，他应该选择坦白；假设因徒 2 选择的是坦白，则因徒 1 不坦白得益为 -10，坦白得益为 -8，他更应该选择坦白。因此，因徒 1 的选择只有一种，即坦白；同样因徒 2 的唯一选择也是坦白；最终两人各判 8 年。

事实上，（坦白，坦白）是一个纯策略纳什均衡。

例 4 设某村庄有 3 个农户，该村有一片大家都可自由牧羊的公共草地。由于这片草地的面积有限，因此草的数量只能让数量有限的羊吃饱，如果在此草地上放牧的羊的实际数量超过这个限度，则每只羊都无法吃饱，从而羊的产出就会减少，只能勉强存活甚至饿死。假设这些农户只有夏天才到公共草地放羊，而每年春天决定养羊的数量，各农户在决定自己养羊的数量时不知道其他农户的养羊数量，各农户同时作出养羊数的决策。假设下面信息为公有信息：每只羊的价格是羊只总数 Q 的减函数 $p = 120 - Q$，$Q = q_1 + q_2 + q_3$，q_i 为第 i 个农户饲养羊的数量，每只羊的饲养成本为 4 元。

第一个农户是这样决策的：

自己养羊的得益为 $P_1 = q_1 \times p - 4q_1 = q_1 [120 - (q_1 + q_2 + q_3)] - 4q_1$

为方便起见，设羊的数量是可分的，且每个农户不管其他农户数量是多少，总希望自己收益最大。

由此得出：$\dfrac{\partial p_1}{\partial q_1} = 0$

每个农户从自身利益最大化的角度出发，将得出相同的结论：

$$q_1 = 58 - \frac{1}{2}q_2 - \frac{1}{2}q_3$$

$$q_2 = 58 - \frac{1}{2}q_1 - \frac{1}{2}q_3$$

$$q_3 = 58 - \frac{1}{2}q_1 - \frac{1}{2}q_2$$

三条曲线的交点 (q_1^*, q_2^*, q_3^*) 就是纳什均衡。联立解之：

$q_1^* = q_2^* = q_3^* = 29$（只）

此即三农户同时独立决定的在公共草地放羊数量时所能获得的稳定的结果。任何单方面的擅自改变会都使自己受损。容易计算得到每个农户的各自得益为 841，三个农户的总得益为 2 523。

下面我们从总体利益的角度来考察一下公共草地上羊的最佳数量。

设在该草地上羊的总数为 Q，则总得益为：

$$P = Q \ (120 - Q) \ - 4Q = 116Q - Q^2$$

由 $\frac{\partial P}{\partial Q} = 0$，解之得 $Q^* = 58$（只），总收益 $P = 3\ 364$。

该结果比三农户各自独自决定自己的养羊数量时的得益总和 2 523 大了很多，而此时的养羊数 58 则比三农户独立决策时的羊只总数 87 小了不少，这说明三农户独立决策时实际上使草地处于过度放牧的状况，浪费了资源，农户也没有获得最好的效益。

这个例子再一次说明，纳什均衡有可能是低效率的。

4.3.2　纳什均衡的求解

1. 划线法

纳什均衡是最优解，对该均衡来说，任何单方面的改变都将使改变者自己受损。这就是划线法的基础。其基本思路是对博弈中的每个策略组合，判断各参与人能否通过单独改变自己的策略而改善自己的得益，若能，则在改变策略后的策略组合所对应的得益下划一横线。这样对每个可能的策略组合都考察过以后，根据划线反映的情况来判断博弈的结果。

如在囚徒的困境博弈中有四个策略组合，可从任一策略组合开始考察。先看策略组合（不坦白，不坦白），在该策略组合时，囚徒 1 和囚徒 2 都会发觉，如果自己单独改变策略就能增加自己的得益（从 −1 到 0），因此囚徒 1 由原来的（不坦白，不坦白）变为（坦白，不坦白），这可在后者得益处用划线表示这种倾向，说明策略组合（不坦白，不坦白）绝不可能是稳定的。在策略组合（坦白，不坦白）的情况下，囚徒 1 当然很满意自己的得益，不会有任何改变自己策略的想法，但囚徒 2 却会发觉改变策略可改善自己的得益（从 −10 到 −8），因此他必然要改变策略，使策略组合从（坦白，不坦白）变为（坦白，坦白），我们在后者得益处用划线表示这种倾向。在（不坦白，坦白）策略组合则是囚徒 1 要改变策略，最后，在（坦白，坦白）策略组合，任何博弈方单独改变策略都是不合算的。因此在该策略组合下有两道下划线，它就是该博弈中唯一稳定的策略组合。

囚徒1

		坦白	不坦白
囚徒2	坦白	($-\underline{8}$, $-\underline{8}$)	($\underline{0}$, -10)
	不坦白	(-10, $\underline{0}$)	(-1, -1)

图 4 - 2

2. 严格劣策略重复剔除法

对任何参与人来说，很可能存在这样的情况：不管其他人策略如何变化，自己某一策略带来的收益总比其他某些策略带来的收益要小。这时，称这某一策略为相对于其他某些策略的严格劣策略。当然，决策者是不可能选择任何严格劣策略的。也就是说，如果发现某局中某策略是相对于其他某些策略的严格劣策略，就可以将它从该博弈方的策略空间中去掉，这样就只需要在剩下的较小的策略空间中进行分析了。在该参与人余下的策略空间和其他参与人的策略构成的策略组合中仍然可以检查是否还存在严格劣策略，若有，则再将其从相应博弈方的策略空间中去掉。如此重复，直到找不出任何严格劣策略。如果最后只有唯一一个策略组合幸存下来，则容易理解它一定就是该博弈的解。这种求解博弈的方法被称为"严格劣策略重复剔除法"。

在"囚徒困境"中，很容易发现，无论对囚徒1还是囚徒2，不坦白都是相对于坦白的严格劣策略，所以将不坦白从他们的策略空间中去掉，剩下的唯一的策略组合为（坦白，坦白），它就是博弈的解，也是前面划线法找出来的纳什均衡。

例 5　抽象博弈

参与人2

		左	中	右
参与人1	上	(1, 0)	(1, 2)	(0, 1)
	下	(0, 3)	(0, 1)	(2, 0)

图 4 - 3

参与人1有两种选择，$S_1 = \{上，下\}$，参与人2有三种选择，$S_2 = \{左，中，右\}$。

对参与人 1 来说，上和下都不严格占优：当参与人 2 选择左，上优于下，当参与人 2 选择选择右，下就会优于上。但对参与人 2 来讲，右严格劣于中，因此理性的参与人 2 是不会选择右的。那么，如果参与人 1 知道参与人 2 是理性的，他就可以把右从参与人 2 的策略空间中剔除，于是，就可以把图 4 - 3 变为图 4 - 4 所示博弈：

参与人 2

		左	中
参与人 1	上	(1, 0)	(1, 2)
	下	(0, 3)	(0, 1)

图 4 - 4

这样，对参与人 1 来讲，下就成了上的严格劣策略，如果参与人 1 是理性的，参与人 1 就不会选择下。那么，如果参与人 2 知道参与人 1 是理性的，并且参与人 2 知道参与人 1 知道参与人 2 是理性的，参与人 2 就可以把下从参与人 1 的策略空间中剔除，余下如图 4 - 5 所示。

参与人 2

	左	中
参与人 1　上	(1, 0)	(1, 2)

图 4 - 5

但这时对参与人 2，左又成为中的严格劣策略，仅剩的（上，中）就是此博弈的结果。这与划线法找出的纳什均衡是一致的。

严格劣策略重复剔除法并不局限于用在可用得益矩阵表示的博弈，实际上不管以何种形式表示的博弈，只要能在其中找出严格劣策略就可用此法将这些严格劣策略重复剔除，简化博弈以至解出博弈。

通过上面的讨论可以看出，严格劣策略重复剔除法与纳什均衡之间有密切的关系。下面两个定理就是表明这种关系的。

定理 4. 1　在 n 个参与人的博弈 $G = \{S_1, S_2, \cdots, S_n; h_1, h_2, \cdots, h_n\}$ 中，如果严格劣策略重复剔除法排除了 $(S_1^*, S_2^*, \cdots, S_n^*)$ 以外的所有策略组合，则 $(S_1^*, S_2^*, \cdots, S_n^*)$ 一定是 G 的唯一的纳什均衡。

定理 4.2 在 n 个参与人的博弈 $G = \{S_1, S_2, \cdots, S_n; h_1, h_2, \cdots, h_n\}$ 中，如果 $(S_1^*, S_2^*, \cdots, S_n^*)$ 是 G 的一个纳什均衡，则严格劣策略重复剔除法一定不会将它剔除。

3. 反应函数法

反应函数法是一种常用的基本方法，尤其适应于确定变量为产量或价格这样的连续函数（例 4 中采用的就是反应函数法）。下面给出古诺的双寡头模型。

例 6 古诺模型

设市场有 1、2 两家厂商，他们生产相同的产品。设厂商 1 的产量为 q_1，厂商 2 的产量为 q_2，则市场总产量为 $Q = q_1 + q_2$。p 为市场的出清价格（可以将产品全部卖出去的价格），$p = 100 - Q$。再假设两厂商的生产无固定成本，两厂家边际生产成本相等，$c_1 = c_2 = 2$，两厂家同时决定各自的产量，使利润最大。

设第 i 个厂商的利润为 $P_i = q_i (p_i - c_i) = q_i [98 - (q_1 + q_2)]$

$$\begin{cases} \max_{q_1^*} (98q_1^* - q_1^* q_2^* - q_1^{*2}) \\ \max_{q_2^*} (98q_2^* - q_1^* q_2^* - q_2^{*2}) \end{cases}$$

因此，(q_1^*, q_2^*) 是纳什均衡的充要条件是，q_1^* 是上面方程组的解。

现给出反应函数的概念：对厂商 1 来说，给定厂商 2 的任意产量 q_2，厂商 1 的最佳反应为 $q_1 = \dfrac{1}{2}(98 - q_2)$，即厂商 1 的最佳产量为厂商 2 产量的连续函数，称此函数为厂商 1 对厂商 2 的产量的反应函数，记为 R_1：$q_2 \rightarrow q_1$。同理，厂商 2 对厂商 1 的产量的反应函数记为 R_2：$q_1 \rightarrow q_2$。

用反应函数表示两厂商之间的产量关系为

$$R_1(q_2) = \frac{1}{2}(98 - q_2)$$

$$R_2(q_1) = \frac{1}{2}(98 - q_1)$$

可以看出，当一方选择 0 时，另一方自然选 49，正是整个市场利润最大化的产量，即相当于一个厂商垄断市场。当一方坚持选 49，另一方只好选 0。尽管两厂商都是从追求自己的利益出发进行决策，不关心其他博弈参与人的利益，但他们都不能忽视其他参与人的存在，否则就会两败俱伤。当双方势均力敌时，谁也无法垄断市场。而在双方反应函数对应直线交点上，才是双方都满意的最佳反应组合。由此可得此古诺模型的

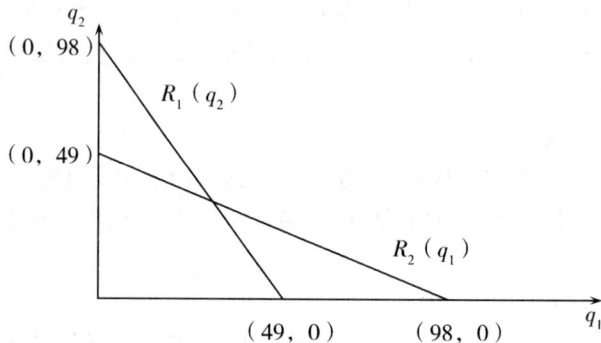

图 4 - 6

均衡产量为 $q_1^* = q_2^* = \dfrac{1}{3} \times 98 \approx 32.67$

均衡价格为 $p_1^* = p_2^* = \dfrac{1}{3} \times 104 \approx 34.67$

均衡利润为 $\pi_1 = \pi_2 = \dfrac{1}{9} \times 98^2 \approx 1\,067.1$

若两个企业被整合成一个企业，或两个企业可达成默契合谋，这时企业的最大化问题为

$$\max_{Q} \pi \ (Q) \ = Q \ (98 - Q)$$

由一阶条件 $\dfrac{\partial \pi \ (Q)}{\partial Q} = 0$，可解得

垄断产量 $Q^m = 49$

垄断价格 $p^m = 51$

垄断利润 $\pi^m = 2\,401$

两个企业的

合谋产量 $q^m = \dfrac{Q^m}{2} = 24.5$

合谋利润 $\dfrac{\pi^m}{2} = 1\,200.5$

容易看出，合谋可使企业产量下降，价格上升，利润上升。因此，古诺均衡也可以进行帕累托改进。这揭示了个人理性与集体理性的矛盾，是典型的因徒困境问题。

例 7   异质产品价格竞争模型

在前一个例子中，我们假设两个生产同质产品的企业进行产量竞争的情形。在实际中我们更为常见的情形是企业之间生产异质产品（即不能完全替代的产品）进行价格竞争的情况。已知市场对两个企业的产品需求函数为

$$\begin{cases} q_1 = a_1 - p_1 + d_1 p_2 \\ q_2 = a_2 - p_2 + d_2 p_1 \end{cases}$$

式中 q 和 p 仍表示产品的产量与价格，$d_i > 0$。d_i 度量企业 j 的价格变动对企业 i 的产量的影响的大小，称 d_i 为替代系数（$i = 1$，2）。c_i 表示企业 i 的单位生产成本。由以上假设，可知两个企业的利润函数为

$$\pi_1 (p_1, p_2) = (p_1 - c_1)(a_1 - p_1 + d_1 p_2)$$
$$\pi_2 (p_1, p_2) = (p_2 - c_2)(a_2 - p_2 + d_2 p_1)$$

为求得该模型的纳什均衡，首先求出该模型的一阶条件

$$\frac{\partial \pi_1 (p_1, p_2)}{\partial p_1} = a_1 + c_1 - 2p_1 + d_1 p_2 = 0$$

$$\frac{\partial \pi_1 (p_1, p_2)}{\partial p_2} = a_2 + c_2 - 2p_2 + d_2 p_1 = 0$$

两个企业的价格反应函数为

$$R_1 (p_2) = p_1 = \frac{a_1 + c_1}{2} + \frac{d_1}{2} p_2$$

$$R_2 (p_1) = p_2 = \frac{a_2 + c_2}{2} + \frac{d_2}{2} p_1$$

解上述关于 p_1，p_2 的方程组，可得纳什均衡

$$\begin{cases} p_1^* = \dfrac{d_1}{4 - d_1 d_2}(a_2 + c_2) + \dfrac{2}{4 - d_1 d_2}(a_1 + c_1) \\ p_2^* = \dfrac{d_2}{4 - d_1 d_2}(a_1 + c_1) + \dfrac{2}{4 - d_1 d_2}(a_2 + c_2) \end{cases}$$

例 8   闭环供应链决策问题

考虑由一个制造商和一个零售商组成的市场，制造商负责生产产品，以批发价卖给零售商，并委托零售商回收旧产品用于再制造。假设再制造的产品可以被升级为新产品的品质水准，可以拿到新产品市场销售。零售商负责分销制造商生产的产品，以及从消费者手中回收旧产品。

假设市场需求为 $q = \phi - \beta p$，其中 p 为零售价。假设制造商的批发价为 w，制造商制造新产品的单位成本为 c_m，再制造品的单位成本为 c_r，从零售商

那里每获得一单位旧产品给予零售商的补贴为 $b\in[A, c_m - c_r]$。$b \geq A$ 是指零售商要有利可图，即制造商的补贴必须不小于零售商的回收价格，$b \leq c_m - c_r$ 是指制造商要有利可图，即从再制造中节约下来的费用必须不小于付给零售商的补贴。假设零售商回收每单位旧产品所支付的价格为 A，零售商的回收努力成本为 $C(\tau)$，其中 τ 为回收率，且 $C'(\tau) > 0$，$C''(\tau) > 0$，即回收努力成本随着回收率的增加而增加，且回收边际成本递增。为方便分析，不妨假设回收努力成本为 $C\tau^2$，其中 $C > \beta(\delta - A)^2$。显然，若零售商的回收率为 τ，则零售商可回收旧产品数量 $\tau(\phi - \beta p)$，制造商的单位平均生产成本为 $(1 - \tau)c_m + \tau c_r = c_m - \delta\tau$，其中 $\delta = c_m - c_r$。

根据以上假设，可知零售商的利润函数为

$$\pi_R = (\phi - \beta p)(p - w) + b\tau(\phi - \beta p) - C\tau^2 - A\tau(\phi - \beta p) \tag{4.1}$$

制造商的利润函数为

$$\pi_M = (\phi - \beta p)(w - c_m + \delta\tau) - b\tau(\phi - \beta p) \tag{4.2}$$

假设制造商和零售商同时行动，制造商决定批发价格 w，零售商决定零售价格 p 和回收率 τ。

式（4.1）分别对零售价格 p 和回收率 τ 求导，可得一阶条件如下

$$-2p\beta + w\beta + A\beta\tau - b\beta\tau + \phi = 0 \tag{4.3}$$

$$(b - A)(\phi - \beta p) - 2C\tau = 0 \tag{4.4}$$

把 $p = m + w$ 带入式（4.2），并对 w 求导，整理后可得一阶条件如下

$$\phi - \beta p - w\beta + b\beta\tau - \beta\delta\tau + \beta c_m = 0 \tag{4.5}$$

联立式（4.3）至式（4.5），可求得最优批发价、零售价和回收率如下

$$w^{N*} = \frac{(2C - (b - A)\beta(\delta - b))\phi + \beta(4C - (b - A)^2\beta)c_m}{\beta(6C - (b - A)\beta(\delta - A))}$$

$$p^{N*} = \frac{(4C - (b - A)\beta(\delta - A))\phi + 2C\beta c_m}{\beta(6C - (b - A)\beta(\delta - A))},$$

$$\tau^{N*} = \frac{(b - A)(\phi - \beta c_m)}{6c - (6 - A)\beta(\delta - A)}$$

从以上均衡结果可以看出，回收补贴将对零售价和回收率、批发价产生不同的影响。那么，制造商应如何调整回收补贴来协调正向物流和逆向物流，制造商最优的回收补贴是什么？

把 w^{N*}，p^{N*} 和 τ^{N*} 代入式（4.2）和（4.1）中，可得制造商和零售商的最优利润分别为

$$\pi_M^{N*} = \frac{4C^2(\phi - \beta c_m)^2}{\beta(6C - (\delta - A)\beta(b - A))^2},$$

$$\pi_R^{N*} = \frac{C\ (4C-\ (b-A)^2\beta)\ (\phi-\beta c_m)^2}{\beta\ (6C-\ (\delta-A)\ \beta\ (b-A))^2}$$

渠道总利润为

$$\pi_T^{N*} = \frac{C\ (8C-\ (b-A)\ \beta)\ (\phi-\beta c_m)^2}{\beta\ (6C-\ (\delta-A)\ \beta\ (b-A))^2}$$

从 π_M^{N*} 的表达式可以看出，当制造商的回收补贴 b 越逼近 δ 时，制造商的利润越高。因此，制造商的最优回收补贴为 $b=\delta$。$b=\delta$ 意味着制造商没有享受到任何从再制造中节约下来的费用。这个结果似乎有违直观，但事实上，虽然制造商没有内部化再制造所节约的成本，但由于制造商回收补贴的增加，将起到激励零售商降低零售价的作用，从而导致产品需求的增加，加上制造商回收补贴的增加提高了制造商的批发价，因此，制造商仍然获得了利润的增长。另外，制造商补贴的增加，也将提高零售商的旧产品回收率，从而降低制造商的平均生产成本，提高制造商的利润。

当然，并非所有的博弈都有纳什均衡。

例9 猜硬币博弈

参与人2

		正面	反面
参与人1	正面	(−1, 1)	(1, −1)
	反面	(1, −1)	(−1, 1)

图 4−7

用划线法易知，该博弈不存在纳什均衡。

4.3.3 混合策略和混合纳什均衡

1 混合策略下的纳什均衡

定义 4.2 在博弈 $G=\{S_1,\ S_2,\ \cdots,\ S_n;\ h_1,\ h_2,\ \cdots,\ h_n\}$ 中，参与人 i 的策略集为 $S_i=\{S_{i1},\ \cdots,\ S_{ik}\}$，则它以概率分布 $p_i=\ (p_{i1},\ \cdots,\ p_{ik})$ 随机在其 k 个可选策略中选择的"策略"称为一个混合策略，其中 $0\leqslant p_{ij}\leqslant1$ 对 $j=1,\ \cdots,\ k$ 都成立，且 $\sum_{j=1}^k p_{ij}=1$。

由上述定义可以看出，纯策略也可看作混合策略，只是选择相应纯策略的概率函数服从 0、1 的两点分布。如果给一个博弈的每个参与人的纯策略空间赋予不同的概率分布，就形成了不同的混合策略。当把策略从纯策略扩展到纳什均衡的混合策略时，纳什均衡的基础也就扩大了，因此我们可以定义一个混合策略纳什均衡。

定义 4.3　在一个策略 $G = \{S_1，S_2，\cdots，S_n；h_1，h_2，\cdots，h_n\}$ 中，参与人 i 的策略集为 $S_i = \{S_{i1}，\cdots，S_{ik}\}$，如果由各个参与人的策略组成策略集合 $G^* = \{S_1^*，S_2^*，\cdots，S_n^*\}$，其中，

$$S_i^* = \{x_i \epsilon E^{mi} \mid x_i \geqslant 0，i = 1，2，\cdots，m_i，\sum_{i=1}^{mi} x_i = 1\}$$

都是对其余博弈方策略组合的最佳策略，即

$$\pi_i\ (S_1^*，S_2^*，\cdots，S_{i-1}^*，S_i^*，\cdots，S_n^*)\ \geqslant \pi_i\ (S_1^*，S_2^*，\cdots，S_{i-1}^*，S_{ij}，$$
$$\cdots，S_n^*)\ 对任意\ S_{ij} \epsilon S_i\ 都成立，则称\ G^* = S_1^*，S_2^*，\cdots，S_n^*\ 为 G 的一个混合$$
策略纳什均衡。

2. 双矩阵博弈模型的混合策略纳什均衡

在策略式博弈中，常常碰到两个参与人的情形，这类博弈称为双矩阵博弈。下面将介绍双矩阵博弈的混合策略纳什均衡。

假设参与人 1 的混合策略是 m_1 维概率向量 $p_1 = (p_{11}，p_{12}，\cdots，p_{1m_1})$，则混合策略集为 $P_1 = \{(p_{11}，p_{12}，\cdots，p_{1m_1}) \mid \sum_{i=1}^{m_1} p_{1i} = 1，p_{1i} \geqslant 0\}$。

参与人 2 的混合策略是 m_2 维概率向量 $p_2 = (p_{21}，p_{22}，\cdots，p_{2m_2})$，则混合策略集为 $P_2 = \{(p_{21}，p_{22}，\cdots，p_{2m_2}) \mid \sum_{i=1}^{m_2} p_{2i} = 1，p_{2i} \geqslant 0\}$。

当参与人 1 选择混合策略 p_1 且参与人 2 选择混合策略 p_2 时，参与人 1 的预期支付为

$$E_1\ (p_1，p_2)\ = p_1 A p_2^T$$

参与人 2 的预期支付为

$$E_2\ (p_1，p_2)\ = p_2 B p_1^T$$

其中，A 和 B 分别为参与人 1 和 2 的支付矩阵。

根据混合策略纳什均衡的定义，对于双矩阵博弈，我们有下面的定义。

定义 4.4　在双矩阵博弈中，如果 $p_1^* \epsilon P_1$，$p_2^* \epsilon P_2$，满足

$$p_1 A p_2^{*T} \leqslant p_1^* A p_2^{*T}，\ \forall p_1 \epsilon P_1$$

且

$$p_2 B p_1^{*T} \leqslant p_2^* B p_1^{*T}，\ \forall p_2 \epsilon P_2$$

则称 $(p_1^*，p_2^*)$ 为双矩阵博弈的一个混合策略纳什均衡。

下面，我们举例说明求解混合策略纳什均衡的方法。

例10 猜硬币博弈

在这个博弈中，我们有

$$A = \begin{bmatrix} -1 & 1 \\ 1 & -1 \end{bmatrix}, \quad B = \begin{bmatrix} 1 & -1 \\ -1 & 1 \end{bmatrix}$$

记参与人1选择正面策略的概率为 x，则使用反面策略的概率为 $1-x$，即 $p_1 = (x, 1-x)$；参与人2使用正面策略的概率为 y，则使用反面策略的概率为 $1-y$，即 $p_2 = (y, 1-y)$。这样，参与人1的预期支付函数为

$$E_1(p_1, p_2) = p_1 A p_2^T = (2x-1)(1-2y)$$

对上式关于 x 求导，可得一阶条件

$$\frac{\partial E_1(p_1, p_2)}{\partial x} = 2(1-2y) = 0$$

解之得

$$y^* = \frac{1}{2}$$

同理，也可解得

$$x^* = \frac{1}{2}$$

因此，在猜硬币博弈中，两参与人都以 $\left(\dfrac{1}{2}, \dfrac{1}{2}\right)$ 的概率分布选择正面和反面，这是该博弈唯一的纳什均衡。

例11 信贷博弈

在一个"自然"（即不考虑其他约束）的市场中，商业银行和企业进行策略交往。假定银行出于利益的考虑首先会尝试"担保贷款"，但在与企业的谈判中却会表现出两种行为方式：①坚持实行担保贷款（B_1）；②不坚持实行担保贷款（B_2）。同样，假定企业会首先尝试"信用贷款"，但在与银行的实际谈判中也会有两种行为方式：①坚持信用贷款（E_1）；②不坚持信用贷款（E_2）。

假定企业信用贷款后违约不还贷。企业违约这个假设是合理的，在不考虑其他约束的情况下，企业是有违约的积极性的，因为企业从自身的利益出发，借钱后逃避、赖账或根本不还对它来说总归是好事。假定 E_1 和 B_1 相遇无法达成协议，并且双方都蒙受一定的损失；E_1 遇到 B_2 时，E_1 的谈判实力较强因而会达成信用贷款；B_1 遇到 E_2 时将达成担保贷款，双方各取所得利益；E_2 和

B_2 的谈判实力相当，按信用贷款或按实行担保贷款的可能性各半。

由此可以得到商业银行与企业的支付矩阵如下：

表 4 - 2　　商业银行与企业博弈支付矩阵

企业 银行	E_1	E_2
B_1	$-C_2$, C_1	G_B, G_E
B_2	$G_B - E$, $G_E + E$	$G_B - E/2$, $G_E + E/2$

其中 $C_1 > 0$ 表示企业达不成协议的损失，$C_2 > 0$ 表示商业银行由于没有放贷而造成的损失，$G_E > 0$ 表示企业由于贷款而获得的收入（投资于生产获得的利润减去借贷利息），$G_B > 0$ 表示商业银行的贷款收益，$E > 0$ 表示企业不还贷而获得额外收入。

易知，当 $-C_2 > G_B$ 时，不难用划线法求出信贷博弈的纳什均衡为（B_1，E_2），即银行获得贷款担保。当 $-C_2 \leq G_B - E$ 时，用划线法可以找到两个纯策略纳什均衡（B_2，E_1）、（B_1，E_2）。

Wilson（1971）证明，几乎所有有限博弈都存在有限奇数个纳什均衡，包括纯策略纳什均衡和混合策略纳什均衡。这一结论被称为"奇数定理"。因此，一般来说，如果一个博弈有两个纯策略纳什均衡，那么，一定存在第三个纳什均衡——混合策略纳什均衡。下面让我们来求解信贷博弈的混合策略纳什均衡。

令 x 和 y 分别表示银行采取 B_1 策略和企业采取 E_1 策略的概率，则银行的预期支付为

$$E_1(x, y) = (x, 1-x) \begin{bmatrix} -C_2 & G_B \\ G_B - E & G_B - E/2 \end{bmatrix} \begin{bmatrix} y \\ 1-y \end{bmatrix}$$

$$= (-C_2 + E/2 - G_B) xy + Ex/2 - Ey/2 + G_B - E/2$$

上式的一阶条件为

$$\frac{\partial E_1(x, y)}{\partial x} = (-C_2 + E/2 - G_B)y + E/2 = 0$$

解上式得

$$y^* = \frac{E/2}{(C_2 - E/2 + G_B)}$$

企业的预期支付为

$$E_2\ (x,\ y)\ =\ (y,\ 1-y)\begin{bmatrix} -C_1 & G_E+E \\ G_E & G_E+E/2 \end{bmatrix}\begin{bmatrix} x \\ 1-x \end{bmatrix}$$

$$=\ (-C_1+E/2-G_E)\ xy-Ex/2+Ey/2+G_E-E/2$$

上式的一阶条件为

$$\frac{\partial E_2(x,\ y)}{\partial y}=(-C_1+E/2-G_E)x+E/2=0$$

解上式得

$$x^*=\frac{E/2}{(C_1-E/2+G_E)}$$

因此，当 $-C_2\leqslant G_B-E$ 时，信贷博弈的混合策略纳什均衡为

$$\left(\left(\frac{E/2}{(C_1-E/2+G_E)},\ 1-\frac{E/2}{(C_1-E/2+G_E)}\right),\ \left(\frac{E/2}{(C_2-E/2+G_B)},\ 1-\frac{E/2}{(C_2-E/2+G_B)}\right)\right),$$

即银行以概率 $\dfrac{E/2}{(C_1-E/2+G_E)}$ 采取 B_1 策略，以概率 $1-\dfrac{E/2}{(C_1-E/2+G_E)}$ 采取

B_2 策略；企业以概率 $\dfrac{E/2}{(C_2-E/2+G_B)}$ 采取 E_1 策略，以概率 $1-$

$\dfrac{E/2}{(C_2-E/2+G_B)}$ 采取 E_2 策略。

4.4 完全信息动态博弈

博弈的过程，是博弈结构的重要组成部分。根据博弈过程的不同，可以将博弈分为静态博弈和动态博弈。参与人选择策略是同时或可以看作同时的博弈称为静态博弈；如果各参与人策略的选择和行动不仅有先后顺序，而且后选择、后行动的参与人在自己选择行动之前可以看到前面的过程，这种博弈称为动态博弈。动态博弈中对博弈的进程完全了解的参与人，被称为具有"完全信息"的参与人；如果动态博弈的所有参与人都有完全信息，称为"完全信息的动态博弈"。相应地，对博弈的进程不完全了解的参与人，被称为具有"不完全信息"的参与人，这样的动态博弈称为"不完全信息的动态博弈"。限于篇幅，本节仅介绍完全信息动态博弈。

4.4.1 动态博弈的表述形式——扩展式

1. 扩展式表述的构成要素

扩展式表述在标准式表述的基础上扩展了描述博弈局势的要素，比如参与

人的行动顺序以及外生事件的概率分布等，可以描述更复杂的博弈局势，极大地扩大了博弈理论所能描述的范围，一般用来表述动态博弈。扩展式表述一般包含六个要素：

①博弈的参与人集 $N = \{1, 2, \cdots, n\}$；

②参与者的行动顺序（the order of moves）：什么参与人在什么时候行动；

③参与者的行动空间（action set）：在每次行动时，参与人有些什么行动可供选择；

④与者的信息集（information set）：每次行动时，参与人知道些什么；

⑤参与者的支付函数：在行动结束时，每个参与人得到什么；

⑥外生事件（即"自然"的选择）的概率分布。

2. 扩展式表述的表现形式——博弈树

博弈树的基本构造包括如下要素：

①结：结包括决策结和终点结。

②枝：博弈树上，枝是从一个决策结到其直接后续结的连线，每一个枝代表参与人的一个行动选择。在每一个枝旁标注该具体行动的代号。一般地，每个决策结下有多个枝，给出每次行动时参与人的行动空间，即此时有哪些行动可供选择。

③信息集：将博弈树中某一决策者在某一行动阶段具有相同信息的所有决策结称为一个信息集。

如图 4 - 8 所示，就是一个完全信息动态博弈的扩展式表述——博弈树。

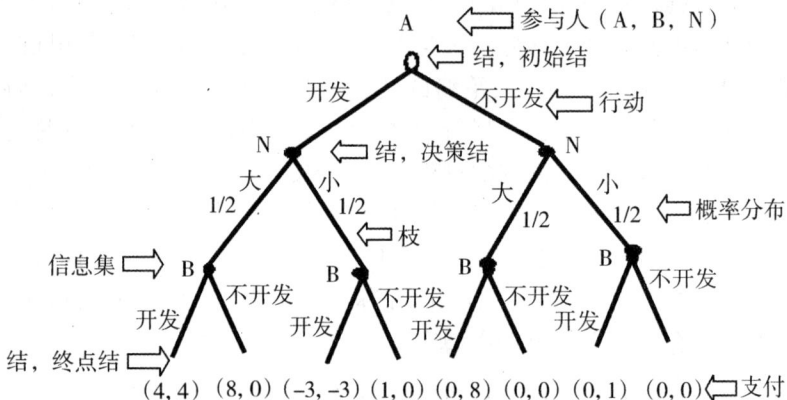

图 4 - 8　房地产开发博弈树

4.4.2 动态博弈的可信性问题

动态博弈的一个中心问题是"可信性"问题。所谓可信性，是指动态博弈中先行动的参与人是否该相信后行动的参与人会采取对自己有利或不利的行动。因为后行动方将来会采取对先行动方有利的行动相当于一种"许诺"，而将来会采取对先行动方不利的行动相当于一种"威胁"，因此我们可将可信性分为"许诺的可信性"和"威胁的可信性"。

1. 开金矿博弈

我们以"开金矿博弈"为例来讨论可信性问题。

例12 甲在开采一价值4万元的金矿时缺1万元资金，而乙正好有1万元资金可以投资。假设甲想说服乙将这1万元资金借给自己用于开矿，并许诺采到金子后与乙对半分成，乙是否借钱给甲呢？

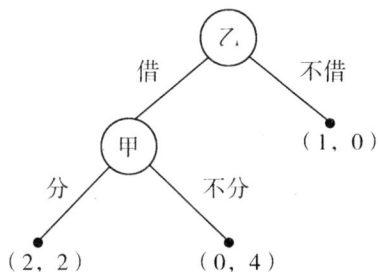

图 4-9 开金矿博弈

假设金矿的价值是经过权威部门探测确认的，不必怀疑，则乙最需要关心的就是甲采到金子后是否会履行诺言跟自己平分，因为万一甲采到金子后不但不跟乙平分，而且还赖账或卷款潜逃，则乙连自己的本钱都收不回来。我们用图4-9表示这个博弈。显然，从自身利益最大化的角度看，甲必然选择不分；乙清楚甲的行为准则，因而最好的选择是不借。对乙来说，甲的许诺是不可信的。

要想使甲的许诺成为可信的，关键在于增加一些对甲行为的制约。例如，假设乙在甲违约时可诉诸法律，即通过"打官司"来保护自己的利益。若乙的利益可以受到法律保护，即打官司的结果是乙能够收回本钱1万元，而甲则会失去全部采金收入，则甲的许诺是可信的。如图4-10所示的开金矿博弈的结果是，乙在第一阶段选择借，甲在第二阶段选择分。

若法律保障不足,即乙打官司不能收回本钱,还要承受1万元的损失(图 4-11),这时乙打官司的威胁是不可信的,是一种不可信的空头威胁。因为这时候乙打官司不仅不能改善自己的经济状况,而且还会使自己的经济情况更加恶化,理性的乙是不可能选择打官司的。甲清楚乙的这种思路,因此在第二阶段甲仍然会选择不分。进一步回到第一阶段乙的选择,乙只有选择不借才是保险的。

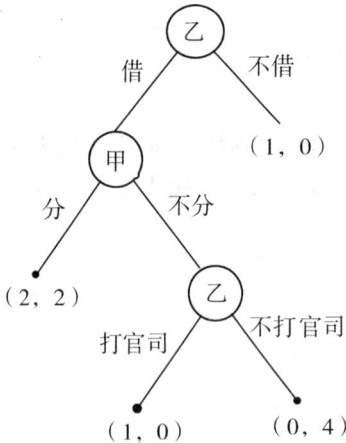

图 4-10　有法律保障的开金矿博弈　　图 4-11　法律保障不足的开金矿博弈

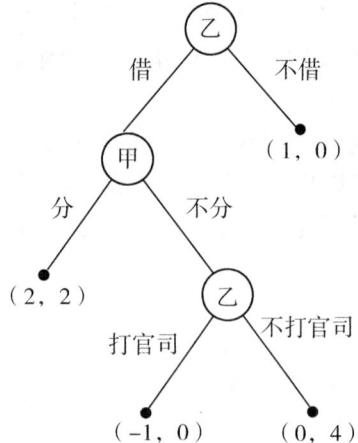

本博弈的分析可以看出,在一个由都有私心而只注重自身利益的成员组成的社会里,完善公正的法律制度不但能够保障社会的公平,还能提高社会经济活动的效率,是实现最有效率的社会分工的重要保障。可信性是动态博弈分析的一个中心问题。

2. 逆向归纳法

分析动态博弈的方法是从最后一个阶段参与人的行为开始分析,逐步倒退回前一个阶段相应参与人的行为选择,一直到第一阶段。这个方法称为"逆向归纳法"。逆向归纳法实际上是严格劣策略重复剔除法在扩展式博弈中的应用。我们从最后一个决策结开始往回倒推,每一步剔除在该决策结上参与人的劣策略,因此,在均衡路径,每一个参与人在每一个信息集上的选择都是占优选择。

逆向归纳法可以用于许多动态博弈的分析求解,除了有些不完全信息动态博弈以外,是解析动态博弈的基本方法。

4.4.3 子博弈精炼纳什均衡

动态博弈中存在不可信的行为选择，纳什均衡具有不稳定性。为了排除不可信的威胁或承诺因素，博弈理论又一次得到了发展，泽尔腾（1965）提出了"子博弈精炼纳什均衡"概念用来分析动态博弈。子博弈精炼纳什均衡要求均衡策略的行动在每一个子博弈上都是最优的。为此，我们首先引进"子博弈"的概念。简单地说，子博弈是原博弈的一个局部构成的次级博弈，它本身可以作为一个独立的博弈进行分析。

1. 子博弈

定义4.5 由一个动态博弈第一阶段以外的某个阶段开始的后续博弈阶段构成，有初始信息集和进行博弈所需要的全部信息，能够自成一个博弈的原博弈的一部分，称为原动态博弈的一个"子博弈"。

以三阶段开金矿博弈为例，如果乙在第一阶段选择了借，动态博弈进行到第二阶段甲作选择。这时甲选择是否分成，然后轮到乙作选择是否打官司。这本身构成了一个两阶段的动态博弈，是原博弈的一个"子博弈"。当甲选择不分，博弈进行到乙选择打官司还是不打的第三阶段，是子博弈的子博弈，称后面的子博弈是原博弈的"二级子博弈"。如图4-12中用两个虚线框表示两个"子博弈"。

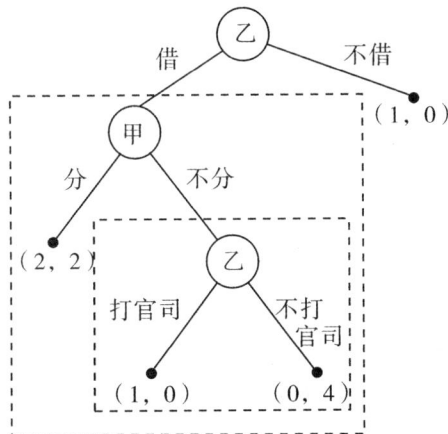

图4-12 开金矿博弈的两级子博弈

应用逆推归纳法分析，在最后的子博弈中，乙在"打官司"和"不打官司"中选择"打官司"，因为1＞0。递推到第二阶段成为图4-13；这时甲在分与不分中选择分，因为 2 > 1。递推到第一阶段成为图 4 - 14，这时乙的选择是借。

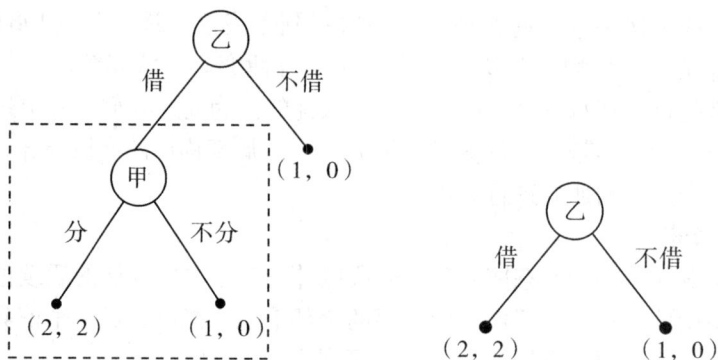

图 4 - 13　开金矿（守信）——逆推第一步　图 4 - 14　开金矿（守信）——逆推第二步

上面用逆推归纳法导出的动态博弈的结果是由各阶段轮到行为的参与人的一种行为依次构成的，在开金矿博弈中结果为（借，分），是由乙在第一阶段的借和甲在第二阶段的分构成。当然该博弈本来应该有三个阶段，但当甲在第二阶段选择分时第三阶段就没有必要进行下去了，因此结果中只有两个阶段的行为。需要注意的是，乙的第三阶段虽然没有进行，但它是保证第二阶段甲选择分的关键，所以乙的策略中必须包含这个选择。

2. 子博弈精炼纳什均衡概念

有了子博弈的概念，我们引进适合动态博弈的新的均衡概念，它必须满足：①是纳什均衡；②不能包含任何不可信的许诺或威胁。这样的动态博弈的策略组合称为"子博弈精炼纳什均衡"。

定义 4.6　如果动态博弈中各参与人的策略在动态博弈本身和所有子博弈中都构成一个纳什均衡，则称该策略组合为一个"子博弈精炼纳什均衡"。

"子博弈精炼纳什均衡"是分析动态博弈，或者说完全信息动态博弈的关键概念。而逆推归纳法正是寻找动态博弈的子博弈精炼纳什均衡的基本方法。子博弈精炼纳什均衡能够排除均衡策略中不可信的威胁或许诺，就意味着每阶段各参与人的选择都是按最大利益原则决策的，因此在每个子博弈中都只能采用纳什均衡的策略或行为选择。

4.4.4　应用举例

例13　寡占的斯塔克博格（Stackelberg）模型

斯塔克博格模型是一种动态的寡头市场博弈模型。该模型假设寡头市场上的两个厂商中一方较强一方较弱。较强的一方领先行动，而较弱的一方则跟在较强的一方之后行动。

由于该模型中两厂商的策略选择是有先后的，且后一厂商（跟随者）了解前一厂商的选择，因此这是一个动态博弈。但是，因为两参与人的决策内容是产量水平，而可能的产量水平有无限多个，因此这是一个双方都有无限多种可能的选择的无限策略博弈。为了便于与古诺模型进行比较，本例假设斯塔克博格模型与古诺模型相比，唯一的不同是前者有一个选择的次序问题，而其他如参与人、策略空间和支付函数等完全都是相同的。

价格函数：$P = P(Q) = 100 - Q$

产品完全相同（没有固定成本，边际成本相等）$c_1 = c_2 = 2$

总产量（连续产量）$Q = q_1 + q_2$

总成本分别为：$2q_1$ 和 $2q_2$。

支付函数：

$$u_1 = q_1 P(Q) - c_1 q_1 = q_1 [100 - (q_1 + q_2)] - 2q_1 = 98q_1 - q_1 q_2 - q_1^2$$

$$u_2 = q_2 P(Q) - c_2 q_2 = q_2 [100 - (q_1 + q_2)] - 2q_2 = 98q_2 - q_1 q_2 - q_2^2$$

根据逆推归纳法的思路，我们首先要分析第二阶段厂商 2 的决策，为此，我们先假设厂商 1 的选择为 q_1 是已经确定的。这实际上就是在 q_1 确定的情况下求使 u_2 实现最大值的 q_2，它必须满足：

$$98 - q_1 - 2q_2 = 0$$

$$q_2 = \frac{1}{2}(98 - q_1) = 49 - \frac{q_1}{2} \tag{4.6}$$

实际上它就是厂商 2 对厂商 1 的策略的一个反应函数。厂商 1 知道厂商 2 的这种决策思路，因此他在选择 q_1 时就知道 q_2^* 是根据式（4.6）确定的，因此可将式（4.6）代入他自己的支付函数，然后再求其最大值。

$$u_1(q_1, q_2^*) = 98q_1 - q_1 q_2^* - q_1^2 = 98q_1 - q_1\left(49 - \frac{q_1}{2}\right) - q_1^2$$

$$= 49q_1 - \frac{1}{2}q_1^2 = u_1(q_1)$$

上式对 q_1 的导数为 0，可得 $49 - q_1^* = 0$，$q_1^* = 49$，此时，$q_2^* = 49 - 24.5 = 24.5$，双方的得益分别为 1 200.5 和 600.25。

厂商1在第一阶段选择49单位产量，厂商2在第二阶段选择24.5单位产量，就是运用逆向归纳法分析得出的策略组合，也就是这个动态博弈唯一的子博弈精炼纳什均衡。

与两寡头同时选择的古诺模型的结果相比，斯塔克博格模型的结果有很大的不同。它的产量大于古诺模型，价格低于古诺模型，总利润（两厂商得益之和）小于古诺模型。但是，厂商1的得益却大于古诺模型中厂商1的得益，更大于厂商2的得益。这是因为该模型中两厂商所处地位不同，厂商1具有先行的主动，且他又把握住了理性的厂商2总会根据自己的选择而合理抉择的心理，选择较大的产量得到了好处。

本博弈也揭示了这样一个事实，即掌握信息优势的参与人（如本博弈中的厂商2，他在决策之前可先知道厂商1的实际选择，因此他拥有较多的信息）不一定能得到较多的得益。

例14　讨价还价博弈

讨价还价是市场经济中最常见的事情。讨价还价在博弈论中是典型的动态博弈问题，也是博弈论最早研究的博弈问题。以下是一个简化的三阶段讨价还价博弈（谢识予，2006）。

假设有两人就如何分割1万元进行谈判，并且已经定下了这样的规则：首先由参与人1提出一个分割比例，对此，参与人2可以接受也可以拒绝；如果参与人2拒绝参与人1的方案，则他自己应提出另一个方案，让参与人1选择接受与否。如此循环。在上述循环过程中，只要有任何一方接受对方的方案博弈就告结束，而如果方案被拒绝，则被拒绝的方案就与以后的讨价还价过程不再有关系。

由于谈判费用和利息损失等，双方的得益都要打一次折扣，折扣率为δ（$0 < \delta < 1$），我们称它为消耗系数。如果限制讨价还价最多只能进行三个阶段，到第三阶段乙必须接受甲的方案，这就是一个三阶段的讨价还价博弈。

本博弈有两个关键点：①第三阶段参与人1的方案是有强制力的，即进行到这一阶段，参与人1提出的分割$S:(S, 1-S)$是双方必须接受的，并且对这一点两参与人都非常清楚。②多进行一个阶段总得益就会减少一个比例，因此对双方来说让谈判拖得太长对自己都是不利的，必须让对方得的数额，不如早点让他得到，免得自己的得益每况愈下。

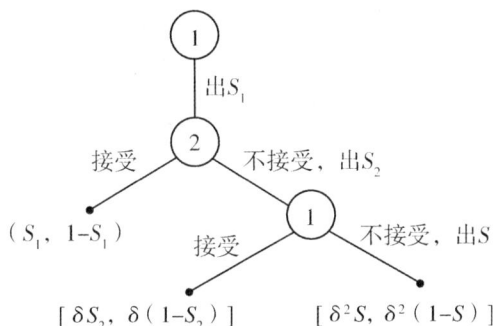

图 4-15 三阶段讨价还价

下面是对三阶段谈判博弈时序的更为详细的描述：

在第一阶段开始时，参与人 1 建议他分走 1 万元的 S_1，留给参与人 2 的份额为 $1-S$；参与人 2 或者接受这一条件（这种情况下，博弈结束，参与人 1 的收益为 S_1，参与人 2 的收益为 $1-S_1$），或者拒绝这一条件（这种情况下，博弈将继续进行，进入第二阶段）。

在第二阶段的开始，参与人 2 提议参与人 1 分得 1 万元的 S_2，留给参与人 2 的份额为 $1-S_2$（请注意在阶段 t，S_t 总是表示分给参与人 1 的，而不论是谁先提出的条件）；参与人 1 或者接受条件（这种情况下，博弈结束，参与人 1 的收益为 S_2，参与人 2 的收益为 $1-S_2$），或者拒绝这一条件（这种情况下，博弈继续进行，进入第三阶段）。

在第三阶段的开始，参与人 1 得到 1 万元的 S，参与人 2 得到 $1-S$，这里 $0<S<1$。

用逆向归纳法解出此三阶段博弈的解。首先分析博弈的第三阶段。参与人 1 提出的条件，参与人 2 必须接受，通常他会独得 1 万元！假定参与人 1 得到 S，参与人 2 得到 $1-S$，这时的得益分别为 $\delta^2 S$，$\delta^2(1-S)$。

逆推到博弈的第二阶段，参与人 2 怎样提出最优条件，才能使自己的得益最大？如果参与人 2 提出条件使参与人 1 的得益小于第三阶段的得益，那么参与人 1 一定会拒绝参与人 2 在这一阶段的条件，博弈进行到第三阶段。参与人 2 提出的条件 S_2 既要让参与人 1 接受，又要使自己的得益比在第三阶段的得益大，才是最优的条件。S_2 应满足参与人 1 的得益 $\delta S_2 = \delta^2 S$，即 $S_2 = \delta S$。这时参与人 2 的得益为 $\delta(1-\delta S) = \delta - \delta^2 S$。因为 $0<\delta<1$，该得益比第三阶段的得益 $\delta^2(1-S)$ 要大一些。

回到第一阶段参与人 1 的情况，他在一开始就知道第三阶段的得益是 $\delta^2 S$，也知道第二阶段参与人 2 的策略，他在第一阶段的最优条件就是：$1 - S_1 = \delta - \delta^2 S$，即 $S_1 = 1 - \delta + \delta^2 S$，是这个博弈的子博弈精炼纳什均衡。

这个博弈的问题和结果，在经济活动中有很多现实的例子，如利益的分配、债务纠纷、财产继承权的争执等。

例 15　闭环供应链决策问题

假设例 8 中的制造商拥有比零售商更大的市场力量，足以领导市场。其余条件与例 8 完全一样。那么，当制造商占据市场主导时，与例 8 的古诺模型相比，闭环供应链中的成员企业的决策与利润将会发生何种变化？

在制造商领导的市场中，制造商和零售商进行两阶段动态博弈，博弈顺序为：

（1）制造商决定批发价格 w。

（2）零售商决定零售价格 p 和回收率 τ。

由于上述博弈为完全信息动态博弈，其均衡是子博弈精炼纳什均衡，因此可以采用逆向归纳法来求解博弈。

联立式（4.3）和（4.4），可求得最优的零售价格 p 和回收率 τ 分别为

$$p^{M*} = \frac{2C\,(w\beta + \phi) \; - \; (b - A)^2 \beta \phi}{\beta\,(4C - (A - b)^2 \beta)}, \quad \tau^{M*} = \frac{(b - A)\,(\phi - w\beta)}{4C - (A - b)^2 \beta}$$

给定 p^{M*} 和 τ^{M*}，制造商最大化利润函数

$$\max_{w} \pi_M = (\phi - \beta p^{M*})\,(w - c_m + \delta \tau^{M*}) \; - b\tau^{M*}\,(\phi - \beta p^{M*})$$

可求得，对某个给定的 b，有

$$w^{M*} = \frac{\phi + \beta c_m}{2\beta} - \frac{(\delta - b)\,(b - A)\,(\phi - \beta c_m)}{2\,(4C - \beta\,(\delta - A)\,(b - A))}$$

由 w^{M*}，可求出 P^{M*} 和 τ^{M*} 如下

$$p^{M*} = \frac{(3C - (\delta - A)\,\beta\,(b - A))\,\phi + \beta C c_m}{\beta\,(4C - (\delta - A)\,\beta\,(b - A))},$$

$$\tau^{M*} = \frac{(b - A)\,(\phi - \beta c_m)}{8C - 2\,(\delta - A)\,\beta\,(b - A)}$$

把 w^{M*}，p^{M*} 和 τ^{M*} 代入上式中，可得制造商和零售商最优利润分别为

$$\pi_M^{M*} = \frac{C\,(\phi - \beta c_m)}{2\beta\,(4C - (b - A)\,\beta\,(\delta - A))},$$

$$\pi_R^{M*} = \frac{C\,(4C - (b - A)^2 \beta)\,(\phi - \beta c_m)^2}{4\beta\,(4C - (b - A)\,\beta\,(\delta - A))^2}$$

渠道总利润为

$$\pi_T^{M*} = \pi_M^{M*} + \pi_R^{M*} = \frac{C\ (12C-\ (b-A)\ \beta\ (b+2\delta-3A))\ (\phi-\beta c_m)^2}{4\beta\ (4C-\ (b-A)\ \beta\ (\delta-A))^2}$$

从 π_M^{M*} 的表达式可以看出，当制造商的补贴 b 越逼近 δ 时，制造商的利润越高。因此，制造商的最优回收补贴为 $b=\delta$。

比较例 15 和例 8，制造商占主导力量的斯塔克博格模型的结果有很大的不同。它的回收率小于古诺模型，批发价和零售价高于古诺模型，制造商的利润增加，而零售商的利润减少，闭环供应链总体利润减少。因此，消费者和整个行业均受益于古诺模型的低价格和高利润。

本章小结

博弈论是研究多人决策问题的理论，但是，它与一般的决策理论有所不同，它强调决策主体的行为发生直接相互作用情况下的决策以及这种决策均衡。博弈论是一个分析工具包，它被设计用来帮助我们理解所观察到的决策主体相互作用时的现象。本章首先介绍了博弈论的基本概念，然后通过例子介绍了纳什均衡的概念及求解方法。最后介绍了完全信息动态博弈和子博弈精炼纳什均衡的概念，并应用案例说明子博弈精炼纳什均衡的求解方法，目的是让学生通过本章学习，对博弈论的基本理念和基本方法有所掌握与了解，为以后的实际应用打好基础。

练习题

1. 把"田忌赛马"的故事改编为一个博弈，并用博弈矩阵表示出来，求出纳什均衡。

2. 如果双寡头垄断的市场需求函数是 $P\ (Q)\ =a-Q$，两个厂商都无固定生产成本，边际成本为相同的 c。如果两个厂商都只能要么生产垄断产量的一半，要么生产古诺产量，证明这是一个囚徒困境型博弈。

3. 分别用严格劣策略重复剔除法和划线法找出以下博弈的纳什均衡。

参与人 2

		L	R
	U	2, 1	1, 7
参与人 1	M	2, 5	0, 2
	D	0, 3	3, 2

4. 分别用严格劣策略重复剔除法和划线法找出以下博弈的纳什均衡。

参与人2 参与人1	C1	C2	C3
R1	2，12	1，10	1，12
R2	0，12	0，10	0，11
R3	0，12	0，10	0，13

5. 假设有 n 个古诺寡头企业，每家企业具有相同的单位生产成本 c，市场逆需求函数为 $p = a - Q$，其中，p 是市场价格，$Q = \sum_{i=1}^{n} q_i$ 是总供给量，$a > c$。给定其他企业的产量，企业 i 的策略是选择产量 q_i 最大化自己的利润。求古诺纳什均衡。均衡产量、价格和利润如何跟随 n 的变化而变化？

6. 若例 11 的信贷博弈中的混合策略纳什均衡中的参数发生变化，则该混合策略将如何变化？这说明了什么？对信贷市场的调控有何启示？若在该信贷博弈中加入执法机关的管制和监督，信贷博弈的纳什均衡将发生什么变化？请建立新模型加以分析。

7. 在例 15 中，若领导者为零售商，则闭环供应链中的成员企业的决策和利润将发生什么变化？请建立模型，并求解子博弈精炼纳什均衡。

8. 在一个由三寡头操纵的垄断市场中，逆需求函数为 $p\,(q_1, q_2, q_3) = a - q_1 - q_2 - q_3$，这里，$q_i$ 是企业 i 的产量。每一企业生产的单位成本为常数 c。三企业决定各自产量的顺序如下：①企业 1 首先选择 $q_1 \geq 0$；②企业 2 和企业 3 观察到 q_1，然后同时分别选择 q_2 和 q_3。试解出该博弈的子博弈完全纳什均衡。

5 仿 真

本章要求

□ 掌握仿真的基本原理

□ 掌握 Monte Carlo 方法，并能运用 Excel 进行简单的仿真

□ 掌握 Crystal Ball（CB）软件的仿真

□ 了解系统动力学仿真的建模与仿真

□ 运用仿真方法进行实际应用

  系统仿真是 20 世纪 40 年代末以来伴随着计算机技术的发展而逐步形成的一门新兴学科。仿真（simulation）就是通过建立实际系统模型并利用所建模型对实际系统进行实验研究的过程。最初，仿真技术主要用于航空、航天、原子反应堆等价格昂贵、周期长、危险性大、实际系统试验难以实现的少数领域，后来逐步发展到电力、石油、化工、冶金、机械等一些主要工业部门，并进一步扩大到社会系统、经济系统、交通运输系统、生态系统等一些非工程系统领域。可以说，现代系统仿真技术和综合性仿真系统已经成为任何复杂系统特别是高技术产业不可缺少的分析、研究、设计、评价、决策和训练的重要手段。其应用范围在不断扩大，应用效益也日益显著。

  1. **系统仿真及其分类**

  系统仿真是建立在控制理论、相似理论、信息处理技术和计算机等理论基础之上的，以计算机和其他专用物理效应设备为工具，利用系统模型对真实或假设的系统进行试验，并借助于专家的经验知识、统计数据和信息资料对实验结果进行分析研究，进而作出决策的一门综合的实验性学科。从广义而言，系统仿真的方法适用于任何领域，无论是工程系统（机械、化工、电力、电子等）还是非工程系统（交通、管理、经济、政治等）。

  系统仿真根据模型不同，可以分为物理仿真、数学仿真和物理—数学仿真（半实物仿真）；根据计算机的类别，可以分为模拟仿真、数字仿真和混合仿真；根据系统的特性，可以分为连续系统仿真、离散时间系统（采样系统）

仿真和离散事件系统仿真；根据仿真时钟与实际时钟的关系，可以分为实时仿真、欠实时仿真和超实时仿真等。

2. 系统仿真的一般步骤

对于每一个成功的仿真研究项目，其应用都包含着特定的步骤。不论仿真项目的类型和研究目的有何不同，仿真的基本过程是保持不变的，要进行如下11 步：

（1）定义问题。一个模型不可能呈现被模拟的现实系统的所有方面，有时是因为太昂贵。另外，一个表现真实系统所有细节的模型也常常是非常差的模型，因为它过于复杂和难以理解。因此，明智的做法是：先定义问题，再制定目标，再构建一个能够完全解决问题的模型。

（2）制定目标和定义系统效能测度。目标是仿真项目所有步骤的导向，系统的定义也是基于系统目标的。目标确定了应该作出怎样的假设、应该收集哪些信息和数据。模型的建立和确认应考虑能否达到研究的目标。目标应清楚、明确和切实可行。

（3）描述系统和列出假设。不论模型是一个物流系统、制造工厂还是服务机构，清楚明了地定义如下建模要素是非常必要的：资源、流动项目（产品、顾客或信息）、路径、项目运输、流程控制、加工时间、资源故障时间。

（4）列举可能的替代方案 。在仿真研究中，确定模型早期运行的可置换方案是很重要的，它将影响到模型的建立。在初期考虑替代方案，模型可能被设计成可以非常容易地转换到替换系统。

（5）收集数据和信息。收集数据和信息，除了为模型参数输入数据外，在验证模型阶段，还可以提供实际数据与模型的性能测度数据进行比较。数据可以通过历史记录、经验和计算得到。这些粗糙的数据将为模型输入参数提供基础，同时将有助于收集一些需要较精确输入参数的数据。

（6）建立计算机模型。在构建计算机模型的过程中，首先构建小的测试模型来证明复杂部件的建模是合适的。一般建模过程是呈阶段性的，在进行下一阶段建模之前，验证本阶段的模型工作正常，在建模过程中应运行和调试每一阶段的模型。

（7）验证和确认模型。验证是确认模型的功能是否同设想的系统功能相符合。模型是否同我们想构建的模型相吻合，产品的处理时间、流向是否正确等。确认范围广泛，它包括：确认模型是否能够正确反映现实系统，评估模型仿真结果的可信度有多大等。

（8）验证。现在有很多技术可以用来验证模型。最重要的、首要的是在仿真低速运行时，观察动画和仿真钟是否同步运行，从中可以发现物料流程及其处理时间方面的差异。

另一种验证技术是在模型运行过程中，通过交互命令窗口，显示动态图表来询问资源和流动项目的属性和状态。通过"步进"方式运行模型和动态查看轨迹文件可以帮助人们调试模型，例如用 Crystal Ball 软件进行仿真时，可以在主菜单中选择 Step 命令来实现"步进"仿真。运行仿真时，通过输入多组仿真参数值来验证仿真结果是否合理，这也是一种很好的方法。在某些情况下，对系统性能的一些简单测量可以通过手工或使用对比而实现。对模型中特定区域要素的使用率和产出率通常是非常容易计算出来的。

（9）确认，即确认所建立模型的可信度。但是，现在还没有哪一种确认技术可以对模型的结果作出 100% 的确定。我们永远不可能证明模型的行为就是现实的真实行为。

判断模型的有效性需要从如下几方面着手：

● 模型性能测度是否同真实系统性能测度匹配。

● 如果没有现实系统来对比，可以将仿真结果同相近现实系统的仿真模型的相关运行结果作对比。

● 利用系统专家的经验和直觉来假设复杂系统特定部分模型的运行状况。

● 模型的行为是否同理论相一致，确定结果的理论最大值和最小值，然后验证模型结果是否落入两值之间。

● 模型是否能够准确地预测结果，这项技术用来对正在运行中的模型进行连续的有效性验证。

● 是否有其他仿真模拟器模拟了这个模型，要是有的话，可以将已有模型的模拟结果同现在设计的模型的运行结果进行对比。

（10）运行可替代实验。当系统具有随机性时，就需要对实验做多次运行。因为，随机输入导致随机输出。如果可能，在第二步中应当计算出已经定义了的每一性能测度的置信区间。

（11）输出分析。报表、图形和表格常常被用于进行输出结果分析，然后运用统计技术来分析不同方案的模拟结果。一旦通过分析结果并得出结论，就要能够根据模拟的目标来解释这些结果，并提出实施或优化方案。

5.1 蒙特卡洛数字仿真

例1 有位数学家看见一个醉汉在广场上靠着一根灯杆站着，忽然无目的地向某一方向走几步，然后又向另一方向走几步，这样东倒西歪地走。这位数学家提出一个问题：醉汉走出 n 步之后，离开灯杆的最可能的距离是多少？

这个问题叫做随机行走（random walk）问题。如果按照通常的方法，我们必须观察这个醉汉的大量（例如 1 000 次以上）行走，然后求出行走距离的平均值。但这样的观察是很难或根本不可能的。于是，这位数学家研究出了一种所谓的仿真试验的计算方法，即蒙特卡洛方法（Monte Carlo method）。

下面，用数字仿真的方法求出醉汉走出 5 步以后（$n=5$）离开灯杆的最可能距离。

假设原点 O 是灯杆的所在之处，如图 5-1 所示。

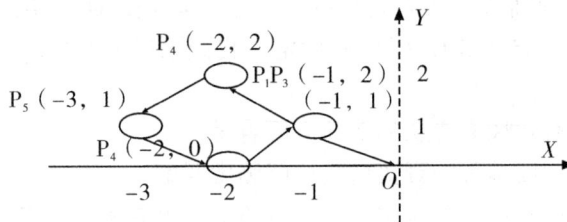

图 5-1　仿真试验平面示意图

5.1.1　仿真的原理

1. 仿真规则

我们取一个 1 元的硬币连续投掷两次来描述醉汉每行走一步，规定第一次代表醉汉在 X 轴方向的移动，第二次代表在 Y 方向的移动；再规定硬币的正面（国徽）和反面（菊花）分别表示醉汉在 X 和 Y 轴上移动的正负方向：如果硬币出现正面，则代表向正方向移动一个单位。出现反面，则代表向负方向移动一个单位，该仿真规则如表 5-1 所示。

表 5-1　简单仿真的仿真规则

第一次出现		第二次出现	
正面	沿 X 方向前进一步	正面	沿 Y 方向前进一步
反面	沿 X 方向后退一步	反面	沿 Y 方向后退一步

2. 仿真

仿真开始时，抛掷硬币 5 轮，每轮连续抛掷两次。抛掷的结果有正面、反面，假设抛掷的结果如表 5-2 所示。

醉汉的初始位置在（0，0）点，抛掷第一轮硬币后，因为第一次出现反面，因此，醉汉在 X 方向后退 1，即 X 轴的坐标为 -1；第二次出现正面，因此，醉汉在 Y 方向前进 1，即 Y 轴的坐标为 1，此时，醉汉所处的位置是（-1，1）。如此递推，抛掷 5 轮硬币后，相当于醉汉走到了（-3，1）这个位置。

表 5-2　抛掷硬币 5 轮出现的结果

第 N 步	第一次出现	第二次出现	位置（x，y）
1	反面	正面	（-1，1）
2	反面	反面	（-2，0）
3	正面	正面	（-1，1）
4	反面	正面	（-2，2）
5	反面	反面	（-3，1）

设以 X 和 Y 分别代表醉汉走完第 N 步时所在的位置，此时，他离灯杆的距离应该为：

$$d_0 = \sqrt{x_n^2 + y_n^2} \tag{5.1}$$

则在本例中，$d_5 = \sqrt{x_5^2 + y_5^2} = \sqrt{(-3)^2 + (1)^2} = \sqrt{10} = 3.16$

3. 收敛性的判断

我们还可以进行很多次同样的仿真，可以发现每次的结果并不相同，从数学上讲，即结果不收敛。但是如果我们考虑此时醉汉走成千上万步，而不是简单的 5 步，这时候可能会发现醉汉离灯杆的距离是相对稳定的。从仿真的角度来看，如果这种仿真试验方法进行上百次、上千次，次数越多，计算出来的平均值越接近最可能出现的情况，即每次进行的仿真结果是稳定的。

5.1.2　Monte Carlo 仿真

对于上述问题，我们可以用所谓的随机数（random number）来解决。因为对于醉汉来说，只有前进和后退，所以用第一个数表示 X 方向，用 00~99 的随机数来表示，00~49 表示沿 X 方向前进一步，50~99 表示沿 X 方向后退一步。同样，用第二个数表示 Y 方向，用 00~99 的随机数来表示，00~49 表示沿 Y 方向前进一步，50~99 表示沿 Y 方向后退一步，如表 5-3 所示。

表 5 - 3 数字仿真的仿真规则

第一个数		第二个数	
00 ~ 49	沿 X 方向前进一步	00 ~ 49	沿 Y 方向前进一步
50 ~ 99	沿 X 方向后退一步	50 ~ 99	沿 Y 方向后退一步

因为醉汉前进或后退是随机的,我们把 00 ~ 99 的 100 个随机数分成两组,即 00 ~ 49,50 ~ 99,每组的概率是 0.5,和醉汉行动的状态的概率是一样的,所以可以进行仿真。

根据表 5 - 3 的仿真规则,可以用 Excel 进行仿真,如图 5 - 2 所示。单元格 C6 表达的是当随机数小于 1,则醉汉在 X 方向前进一步;否则,后退一步。单元格 E6 表示醉汉在 Y 轴上的变化。单元格 C12 是醉汉离灯杆的最后的距离。

	A	B	C	D	E	F
1	醉汉的模拟					
2						
3		初始	原点(0,0)	0		0
4						
5			X轴的随机值	X轴的位置	Y轴的随机值	Y轴的随机值
6		第一步	=IF(RAND()<0.5,1,-1)	=D3+C6	=IF(RAND()<0.5,1,-1)	=F3+E6
7		第二步	=IF(RAND()<0.5,1,-1)	=D6+C7	=IF(RAND()<0.5,1,-1)	=F6+E7
8		第三步	=IF(RAND()<0.5,1,-1)	=D7+C8	=IF(RAND()<0.5,1,-1)	=F7+E8
9		第四步	=IF(RAND()<0.5,1,-1)	=D8+C9	=IF(RAND()<0.5,1,-1)	=F8+E9
10		第五步	=IF(RAND()<0.5,1,-1)	=D9+C10	=IF(RAND()<0.5,1,-1)	=F9+E10
11						
12		距离	=SQRT(D10^2+F10^2)			
13						

图 5 - 2 醉汉漫步的仿真过程

醉汉漫步的一次仿真运行的结果如图 5 - 3 所示。

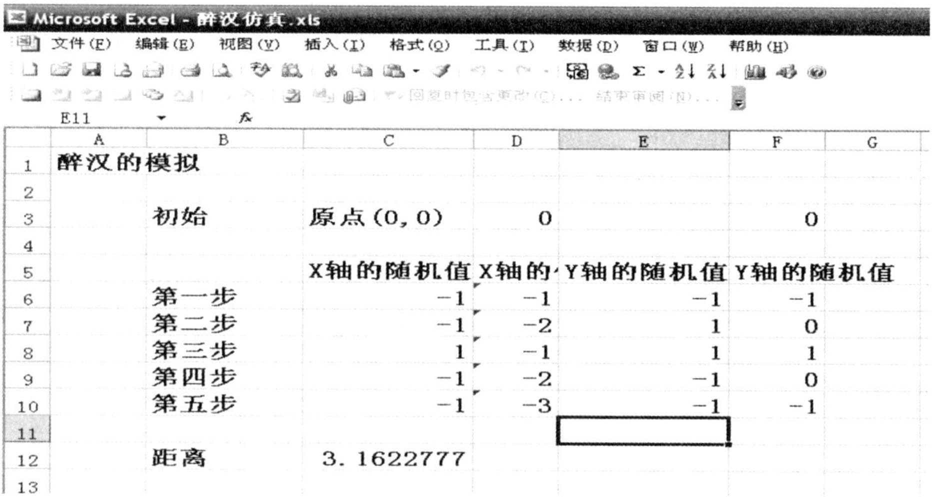

Microsoft Excel - 醉汉仿真.xls

	A	B	C	D	E	F	G
1	醉汉的模拟						
2							
3		初始	原点 (0, 0)	0		0	
4							
5			X轴的随机值	X轴的	Y轴的随机值	Y轴的随机值	
6		第一步	-1	-1	-1	-1	
7		第二步	-1	-2	1	0	
8		第三步	1	-1	1	1	
9		第四步	-1	-2	-1	0	
10		第五步	-1	-3	-1	-1	
11							
12		距离	3.1622777				
13							

图 5 - 3 醉汉漫步的仿真结果

5.2 典型的仿真应用①

5.2.1 设备更新仿真

例 2 假定某工厂准备承包一项生产任务，承包的期限不定，可能是 1 年、2 年或 3 年（按年收取固定的承包收入）。承包一年的概率是 0.25，2 年的概率是 0.5，3 年的概率是 0.25。为完成这项任务，工厂需要采购特殊的设备。这种设备有甲、乙两种。设备甲的自动化程度高，原始投资需要 70 000 元，设备乙的原始投资只需要 20 000 元。两种设备的年度使用费目前无法肯定，只能大致预测，其结果如表 5 - 4 所示。假定设备的残值为 0，基准贴现率规定为 10%，试比较两个方案的优劣。

① 本章是应用 Excel 和 CB 进行仿真的，因为在 Excel 和 CB 中“钱”的单位都是以“$”表示的，具体的含义以对应的题目中的单位为准，而非一律固定指“美元”。

表 5 - 4　甲、乙两设备的年度使用费及概率分布

设备甲		设备乙	
年度使用费（元）	概率	年度使用费（元）	概率
2 000	1/6	12 000	1/6
3 000	1/2	25 000	1/3
5 000	1/3	30 000	1/3
		40 000	1/6

解：（1）确定仿真规则：

根据承包年限的概率分布，以及甲、乙设备年度使用费的概率分布，我们首先分别指定各种情况的二位随机数，从00到99，具体的分布如表 5 - 5 所示。

表 5 - 5　承包年限、设备使用费的概率分布及对应的随机数

仿真的值	可能的结果	概率	累计概率	指定的随机数
承包年限 N	1	1/4	0.25	00 ~ 24
	2	1/2	0.75	25 ~ 74
	3	1/4	1.00	75 ~ 99
设备甲的年度使用费	2 000	1/6	0.166 7	00 ~ 16
	3 000	1/2	0.666 7	17 ~ 66
	5 000	1/3	1.000 0	67 ~ 99
设备乙的年度使用费	12 000	1/6	0.166 7	00 ~ 16
	25 000	1/3	0.500 0	17 ~ 49
	30 000	1/3	0.833 3	50 ~ 82
	40 000	1/6	1.000 0	83 ~ 99

（2）仿真：

首先，对承包年限查出一组随机数，计算设备甲和设备乙相应承包年限的资金恢复费用，如表 5 - 6 所示。

表 5 - 6　资金恢复费用的仿真结果

实验次数	随机数	承包年限	设备甲的资金恢复费用 70 000 $(A/P, 10, n)$（元）	设备乙的资金恢复费用 20 000 $(A/P, 10, n)$（元）
1	05	1	77 000	22 000
2	82	3	28 147	8 042
3	00	1	77 000	22 000
4	79	3	28 147	8 042

（续上表）

5	89	3	28 147	8 042
6	69	2	40 334	11 524
7	23	1	77 000	22 000
8	02	1	77 000	22 000
9	72	2	40 334	11 524
10	67	2	40 334	11 524

其次，对设备甲的年度使用费查出一组随机数，列出相应的年度使用费，并从表5－6中找出设备甲的资金恢复费用，两者相加，就得到设备甲的年度费用，如表5－7所示。

表5－7 设备甲的资金恢复费用仿真结果

实验次数	随机数	年度使用费	资金恢复费用（元）	年度费用（元）
1	27	3 000	77 000	80 000
2	29	3 000	28 147	31 147
3	03	2 000	77 000	79 000
4	62	3 000	28 147	31 147
5	17	3 000	28 147	31 147
6	92	5 000	40 334	45 334
7	30	3 000	77 000	80 000
8	38	3 000	77 000	80 000
9	12	2 000	40 334	42 334
10	38	3 000	40 334	43 334
总计				543 443

采用同样的方法，可以得到设备乙的年度使用费，如表5－8所示。

表5－8 设备乙的资金恢复费用仿真结果

实验次数	随机数	年度使用费	资金恢复费用（元）	年度费用（元）
1	33	25 000	22 000	47 000
2	90	40 000	8 042	48 042
3	38	25 000	22 000	47 000

（续上表）

4	82	30 000	8 042	38 042
5	52	30 000	8 042	38 042
6	09	12 000	11 524	23 524
7	52	30 000	22 000	52 000
8	54	30 000	22 000	52 000
9	47	25 000	11 524	36 524
10	56	30 000	11 524	41 524
总计				423 698

比较两种设备年度使用费的平均值、标准差等统计指标，可以得到两者的优劣（见表5-9），设备乙比设备甲好。

表5-9　设备甲、乙的统计指标比较

方案	年度费用平均值	年度费用标准差	变异系数
甲	54 344.3	22 468.63	0.779 655
乙	42 369.8	8 743.54	0.389 144

图5-4是用Excel进行200次仿真计算过程的公式，其中第4到197次被隐藏起来（必要的时候也可以恢复显示）。分别选中单元格D19：D218和G19：G218，用Excel菜单命令"工具\数据分析"，对设备甲和乙的年度费用做"描述性统计"，结果如图5-5所示。

用CB（Grystal Ball）进行仿真，先给定各个参数一个确定值，如图5-6所示。然后选择"假设分布（Define Assumption）"，在分布函数中，定义单元格D21的分布为Custom，然后把单元格B6：C8区域的参数赋给年度运行经费。用同样的方法，把B13：C15区域的参数赋给甲的资金恢复费用，如图5-7所示。定义单元格D28为预测单元格，默认仿真次数为1 000次，然后选菜单命令"运行（Run）"，得到设备甲的仿真结果，如图5-8、5-9所示。

D17 ▼   fx

设备更新的

甲

情况	概率下限	概率上限	运行费用
1	0	0.1667	2000
2	0.1667	0.6667	3000
3	0.6667	1	5000

承包年限	概率下限	概率上限	甲设备残值年金续延费用
1	0	0.25	77000
2	0.25	0.75	40334
3	0.75	1	28147

乙

情况	运行费用	概率下限	概率上限	运行费用
1		0	0.1667	12000
2		0.1667	0.5	25000
4		0.5	0.8333	40000

承包年限	概率下限	概率上限	乙设备残值年金续延费用
1	0	0.25	22000
2	0.25	0.75	11524
3	0.75	1	8042

试验	甲年度运行费用	甲年金续延费用	甲年度总费用	乙年度运行费用	乙年金续延费用	乙年度总费用
1	=VLOOKUP(RAND(), $B$8:$D$10, 3)	=VLOOKUP(RAND(), $B$13:$D$15, 3)	=B19+C19	=VLOOKUP(RAND(), $F$7:$H$10, 3)	=VLOOKUP(RAND(), $E$13:$G$15, 3)	=E19+F19
2	=VLOOKUP(RAND(), $B$8:$D$10, 3)	=VLOOKUP(RAND(), $B$13:$D$15, 3)	=B20+C20	=VLOOKUP(RAND(), $F$7:$H$10, 3)	=VLOOKUP(RAND(), $E$13:$G$15, 3)	=E20+F20
3	=VLOOKUP(RAND(), $B$8:$D$10, 3)	=VLOOKUP(RAND(), $B$13:$D$15, 3)	=B21+C21	=VLOOKUP(RAND(), $F$7:$H$10, 3)	=VLOOKUP(RAND(), $E$13:$G$15, 3)	=E21+F21
198	=VLOOKUP(RAND(), $B$8:$D$10, 3)	=VLOOKUP(RAND(), $B$13:$D$15, 3)	=B216+C216	=VLOOKUP(RAND(), $F$7:$H$10, 3)	=VLOOKUP(RAND(), $E$13:$G$15, 3)	=E216+F216
199	=VLOOKUP(RAND(), $B$8:$D$10, 3)	=VLOOKUP(RAND(), $B$13:$D$15, 3)	=B217+C217	=VLOOKUP(RAND(), $F$7:$H$10, 3)	=VLOOKUP(RAND(), $E$13:$G$15, 3)	=E217+F217
200	=VLOOKUP(RAND(), $B$8:$D$10, 3)	=VLOOKUP(RAND(), $B$13:$D$15, 3)	=B218+C218	=VLOOKUP(RAND(), $F$7:$H$10, 3)	=VLOOKUP(RAND(), $E$13:$G$15, 3)	=E218+F218

图5-4 设备更新的Excel仿真计算过程的公式

	J13	▾	fx				
	A	B	C	D	E	F	G
13	$1	0	0.25	77000	0	0.25	22000
14	$2	0.25	0.75	40334	0.25	0.75	11524
15	$3	0.75	1	28147	0.75	1	8042
16							
17		甲			乙		
18	试验	年度运行费用	资金恢复费用	年度总费用	年度运行费用	资金恢复费用	年度总费用
19	1	2000	28147	30147	40000	11524	51524
217	199	3000	28147	31147	40000	22000	62000
218	200	5000	28147	33147	40000	11524	51524
219							
220			甲		乙		
221							
222			平均	52693.995	平均	41521.11	
223			标准误差	1349.250071	标准误差	765.1801656	
224			中位数	43334	中位数	41524	
225			众数	43334	众数	36524	
226			标准差	19081.27749	标准差	10821.28168	
227			方差	364095150.7	方差	117100137.2	
228			峰度	-1.311617295	峰度	-0.626901037	
229			偏度	0.626470279	偏度	-0.175368238	
230			区域	51853	区域	41958	
231			最小值	30147	最小值	20042	
232			最大值	82000	最大值	62000	
233			求和	10538799	求和	8304222	

图 5 – 5　设备更新的 Excel 仿真结果

Microsoft Excel - 设备更新CB.xls

文件(F)　编辑(E)　视图(V)　插入(I)　格式(O)　工具(T)　数据(D)　窗口(W)　帮助(H)　　　　宋体

D4　　　　　　fx　乙

	A	B	C	D	E	F
1	设备更新仿真					
2						
3	年运行费用					
4	甲			乙		
5	情况	运行费用	概率	情况	运行费用	概率
6	1	2000	0.1667	1	12000	0.1667
7	2	3000	0.5	2	25000	0.3333
8	3	5000	0.3333	3	30000	0.1667
9				4	40000	0.3333
10						
11						
12	承包年限	概率	甲设备恢复资金	乙设备恢复资金		
13	1	0.25	77000	22000		
14	2	0.5	40334	11524		
15	3	0.25	28147	8042		
16						
17	水晶球模型					
18						
19				假设		
20				单元格		
21			甲的年度运行费用	2000	乙的年度运行费用	12000
22			甲的资金恢复费用	77000	乙的资金恢复费用	22000
23						
24						
25						
26				预测		
27			年度总费用	单元格		
28			甲	=D21+D22	乙	=F21+F22
29						

图 5 - 6　CB 仿真模型图

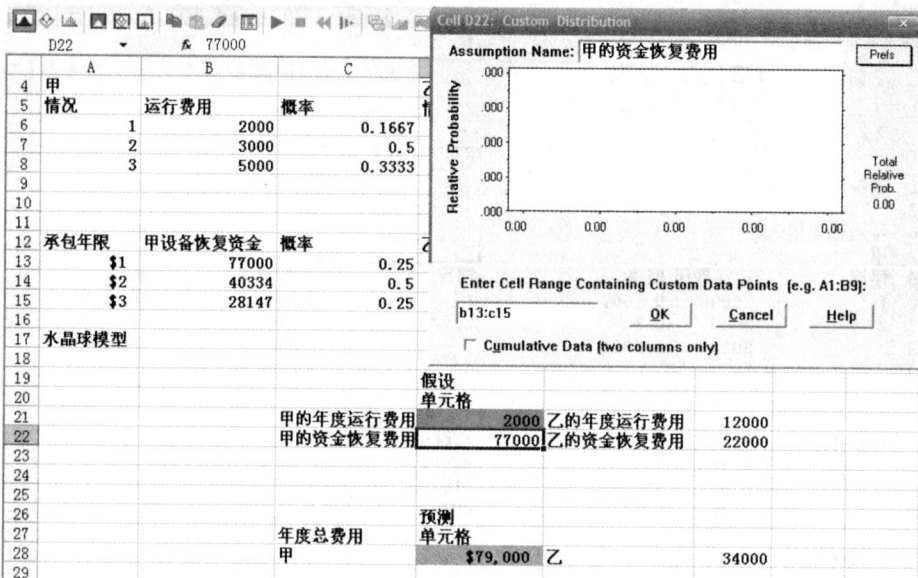

图 5-7 定义参数的概率分布

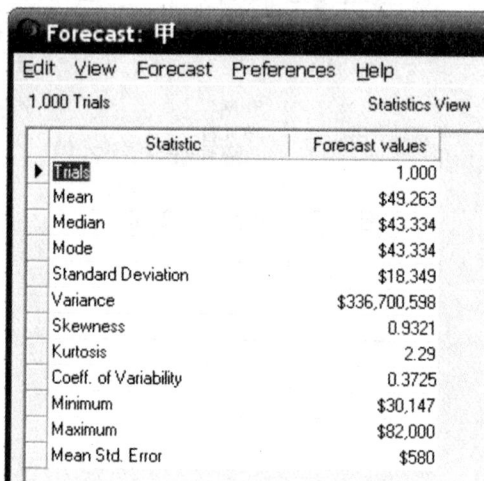

图 5-8 设备甲的费用仿真结果

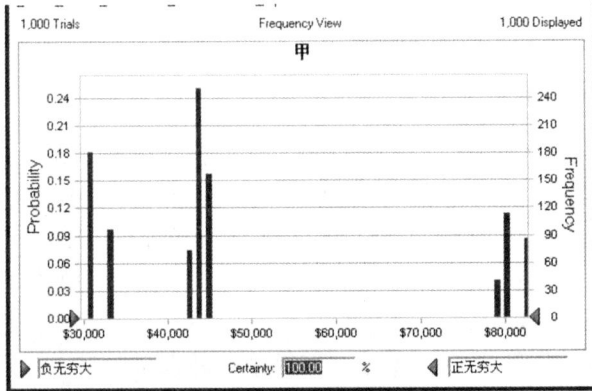

图5-9 设备甲的年度费用频次分布仿真结果

采用同样的方法，可以得到设备乙的仿真结果，如图5-10、5-11所示。

图5-10 设备乙的费用仿真结果

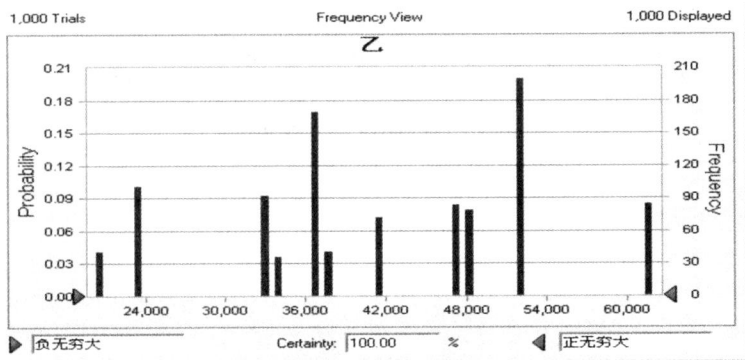

图5-11 设备乙的年度费用频次分布仿真结果

5.2.2　库存论的仿真

例 3　需求是 100～300 的均匀分布，每本挂历成本 7.5 元，卖 10 元。如果新年前卖不出，只能以每本 2.5 当画片卖掉，求订货量多少可以获利最大？

分析：利润 = 销售收入 - 成本 + 回收收益（单元格 F17）

销售收入 = 单位售价 ×（"需求量"和"订货量"中的较小值）（单元格 C17）

回收收入 = 单位回收售价 ×（"订货量 - 需求量"和"0"中的较大值）（单元格 E17）

成本 = 单价 × 订货量（单元格 D17）

用 CB 将上述的关系表达出来，如图 5 - 12 所示。选择单元格 E17，在"分布假设（Define Assumption）"中选择"离散均匀分布（Discrete Uniform Distribution）"，出现如图 5 - 13 所示的画面，在"最小值（Minimum）"处输入 100，在"最大值（Maximum）"处输入 300。

	C4	▼	fx	7.5		
	A	B	C	D	E	F
1	需求是100~3					
2						
3			数据			
4		单位成本	7.5			
5		单位价格	10			
6		单位回收收益	2.5			
7						
8	需求分布(均					
9		最低需求	100			
10		最高需求	300			
11						
12		决策变量				
13		订货量	200			
14						
15		仿真				
16		需求	收益	成本	回收收益	利润
17		200	=C5*MIN(B17,C13)	=C4*C13	=C6*MAX(C13-B17,0)	=C17-D17+E17

图 5 - 12　库存 CB 仿真数据输入

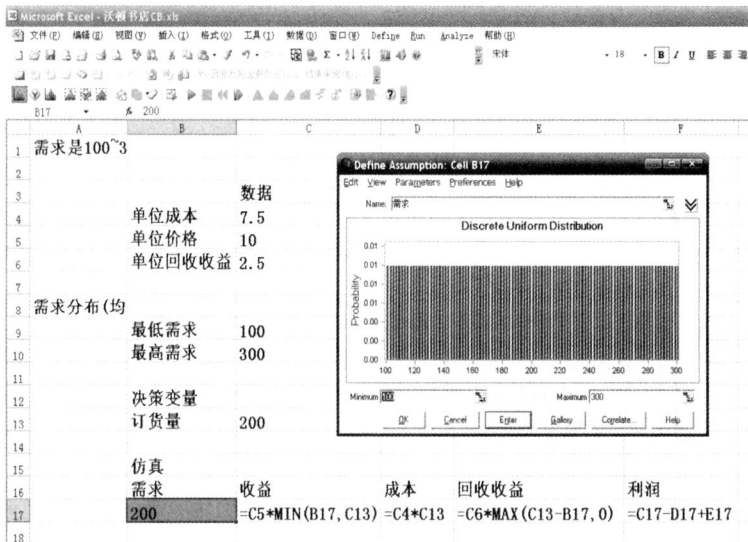

图 5 - 13　定义需求的概率分布

　　选择单元格 F17 为预测单元格，默认仿真次数为 1 000，然后选择"运行（Run）"，运行结果的频数分布如图 5 - 14 所示。从图 5 - 14 可以看到，结果为 500 的频次最多，即 500 为仿真结果的众数。然后在"浏览（View）"菜单下选择"统计（Statistics）"，得到仿真的统计结果（如图 5 - 15）。

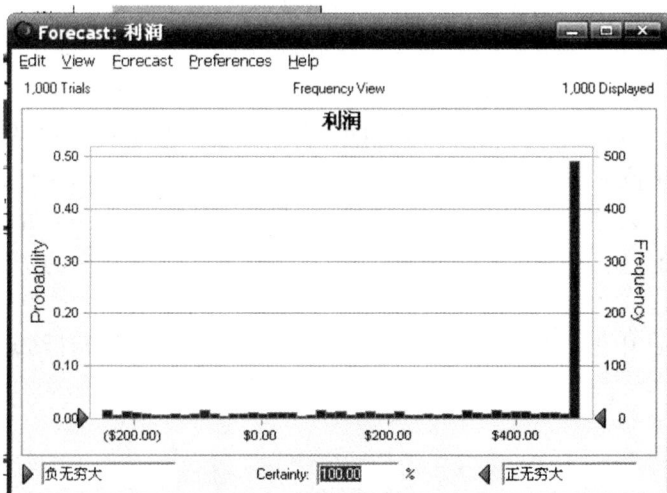

图 5 - 14　CB 仿真结果的频数分布

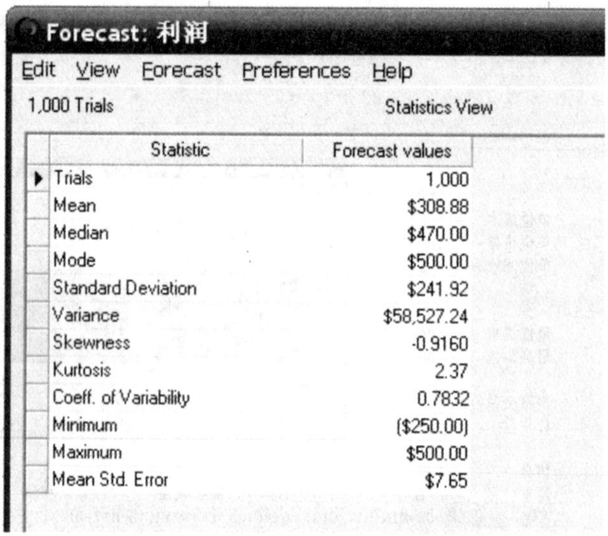

图 5 - 15　CB 仿真结果的统计结果分布

　　例 4　波特公司便携式打印机的产品售价为 \$ 249，人工费是 \$ 45，单位零部件的成本为 \$ 90，管理费用是 \$ 400 000，广告费用是 \$ 600 000，因此，公司的利润 =（249 - 单位直接人工费 - 单位零部件成本）× 需求 -（400 000 + 600 000）。因为市场情况不明，所以单位直接人工费用是一种概率分布：\$ 43—0.1；\$ 44—0.2；\$ 45—0.4；\$ 46—0.2；\$ 47—0.1。单位零部件成本是从 \$ 80 到 \$ 100 的均匀分布，销售量预计是标准差为 4 500 台，期望值为 15 000 台的正态分布。希望能通过模拟的方式，得到公司的盈利情况。

　　分析：该问题的仿真逻辑如图 5 - 16 所示。在 Excel 中，把逻辑过程的公式表达出来，如图 5 - 17 所示。VLOOKUP 函数输入包括单元格 A10：C14 的数据，实现单位成本的离散概率分布；80 +（100 - 80）× RAND（），其中 RAND（）可以产生（0，1）随机数的函数，实现 80 ~ 100 的均匀分布；NORMINV 函数实现需求的正态分布。仿真 200 次，得到利润的仿真结果，如图 5 - 9 所示。选中单元格 E21：E220 中的数据（其中 E24：E217 的数据被隐藏），在 Excel 中做"描述性统计"分析，可以得到仿真的统计结果。

模型参数

单位产品售价	＝￥249
管理费用	＝￥400000
广告费	＝￥600000

下一次试验

产生直线人工费，C1

产生零部件成本，C2

产生第一年的需求量，X

利润＝（249-C1-C2）X-400000-600000

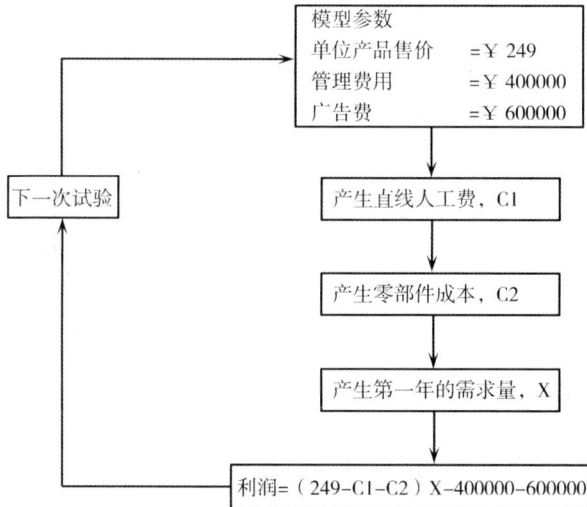

图 5-16　仿真的逻辑过程

	A		C	D	E
1	被特公司风险分析				
2					
3		单位销售价格	249		
4		管理成本	400000		
5		广告成本	600000		
6					
7	直接劳动力成本			零件成本（均匀分布）	
8	下限	上限		最小值	80
9	随即数据	随即数据	单位成本	最大值	100
10	0	0.1	43		
11	0.1	0.3	44		
12	0.3	0.7	45	需求（正态分布）	
13	0.7	0.9	46	均值	15000
14	0.9	1	47	方差	4500
15					
16					
17	仿真实验				
18					
19		直接人工	零件	第一年	
20	实验序号	单位成本	单位成本	需求	利润
21	1	=VLOOKUP(RAND(),$A$10:$C$14,3)	=$E$8+($E$9-$E$8)*RAND()	=NORMINV(RAND(),$E$13,$E$14)	=($C$3-B21-C21)*D21-$C$4-$C$5
22	2	=VLOOKUP(RAND(),$A$10:$C$14,3)	=$E$8+($E$9-$E$8)*RAND()	=NORMINV(RAND(),$E$13,$E$14)	=($C$3-B22-C22)*D22-$C$4-$C$5
23	3	=VLOOKUP(RAND(),$A$10:$C$14,3)	=$E$8+($E$9-$E$8)*RAND()	=NORMINV(RAND(),$E$13,$E$14)	=($C$3-B23-C23)*D23-$C$4-$C$5
24	4	=VLOOKUP(RAND(),$A$10:$C$14,3)	=$E$8+($E$9-$E$8)*RAND()	=NORMINV(RAND(),$E$13,$E$14)	=($C$3-B24-C24)*D24-$C$4-$C$5
25	5	=VLOOKUP(RAND(),$A$10:$C$14,3)	=$E$8+($E$9-$E$8)*RAND()	=NORMINV(RAND(),$E$13,$E$14)	=($C$3-B25-C25)*D25-$C$4-$C$5
26					

图 5-17　Excel 的仿真过程

	A	B	C	D	E	F	G	H
1	波特公司风险分析							列1
2								
3		单位销售价格	$249				平均	736140.256
4		管理成本	$400,000				标准误差	35011.7994
5		广告成本	$600,000				中位数	732621.38
6							众数	#N/A
7	直接劳动力成本			零件成本（均匀分布）			标准差	495141.616
8	下限	上限		最小值	$80		方差	2.4517E+11
9	随即数数据	随即数数据	单位成本	最大值	$100		峰度	0.10020959
10	0	0.1	$43				偏度	-0.1219384
11	0.1	0.3	$44				区域	2620918.67
12	0.3	0.7	$45	需求（正态分布）			最小值	-654282.87
13	0.7	0.9	$46	均值	15000		最大值	1966635.8
14	0.9	1	$47	方差	4500		求和	147228051
15							观测数	200
16							最大(1)	1966635.8
17	仿真实验						最小(1)	-654282.87
18							置信度(95.0%)	69041.7454
19		直接人工	零件	第一年				
20	实验序号	单位成本	单位成本	需求	利润			
21	1	45	$88.98	11549.2	$328,436.73			
22	2	46	$98.92	14258.4	$484,039.98			
23	3	46	$87.98	11826.5	$360,244.52			
218	198	44	$88.67	14058.2	$694,728.66			
219	199	45	$92.49	14064.4	$568,369.83			
220	200	45	$91.37	11946.8	$345,515.16			
221								

图 5 – 18　Excel 仿真的统计结果

用 CB 进行仿真，选择单元格 C21，定义成"自定义离散分布（Custom Discrete Distribution）"，输入相关数据；选择单元格 C22，定义成"均匀分布（Uniform Distribution）"，然后选择单元格 C27，定义为预测单元格，最后，选择"运行（Run）"。仿真结果如图 5 – 19 所示。

在"浏览（View）"菜单下，选择"统计（Statistics）"，可以得到仿真结果的统计分析结果，如图 5 – 20 所示。

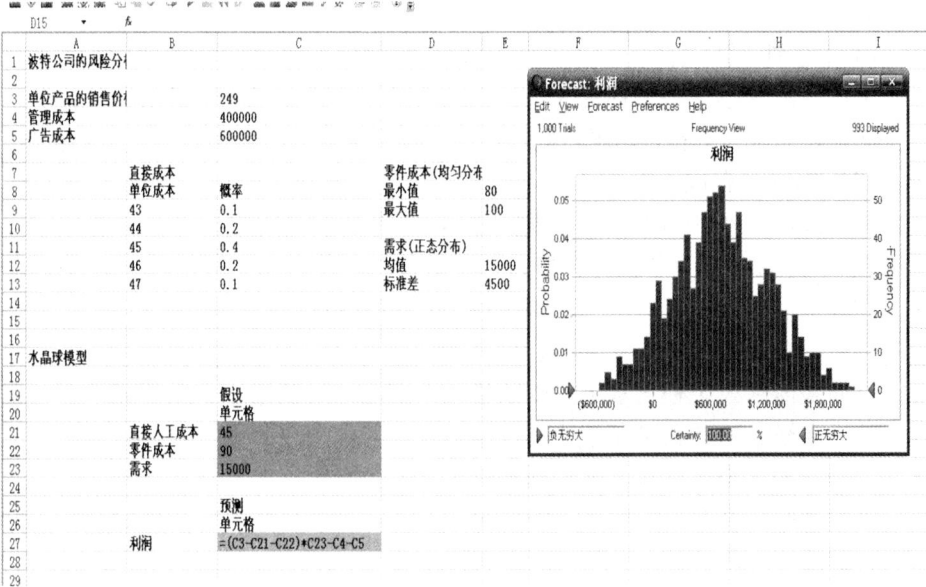

图 5-19 仿真结果的频数分布

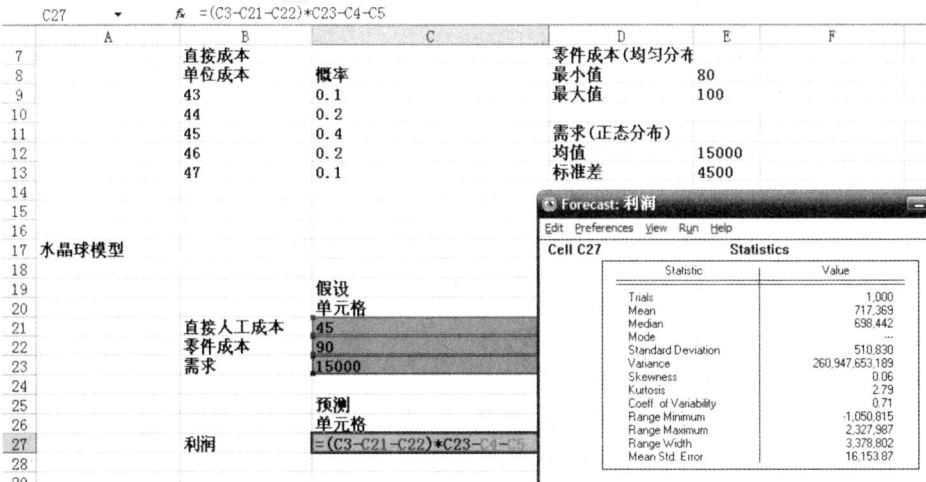

图 5-20 仿真结果的统计结果

例 5 某公司生产电风扇，每台成本 \$75，销售价格 \$125，风扇的月需求量服从正态分布，均值为 100 台，标准差为 20 台。如果缺货要支付 \$30 的信誉费；如果生产过多，每台需要 \$15 的库存费用。试确定公司的生产补货水平？

分析：

（1）毛利计算：

①如果需求小于等于补货水平，则销售等于需求，毛利 = 需求 × 单价；

②如果需求大于补货水平，则销售等于补货水平，毛利 = 补货水平 × 单价。

（2）库存持有成本：

①如果需求小于补货水平，则库存 = 补货水平 – 需求，库存持有成本 = （补货水平 – 需求）× 单位库存费；

②如果需求大于补货水平，则库存 = 0，库存持有成本 = 0。

（3）缺货成本：

①如果需求大于补货水平，则缺货量 = 需求 – 补货水平，缺货成本 = （需求 – 补货水平）× 单位缺货成本；

②如果需求小于补货水平，则缺货量 = 0，缺货成本 = 0。

该问题的仿真逻辑如图 5 – 21 所示。在 Excel 中，把逻辑过程的公式表达出来，如图 5 – 22 所示。NORMINV 函数实现需求的正态分布。仿真 200 次，得到利润的仿真结果，如图 5 – 23 所示。选中单元格 G17：G216 中的数据（其中 G22：G210 的数据被隐藏起来了），在 Excel 中做"描述性统计"分析，可以得到仿真的统计结果。

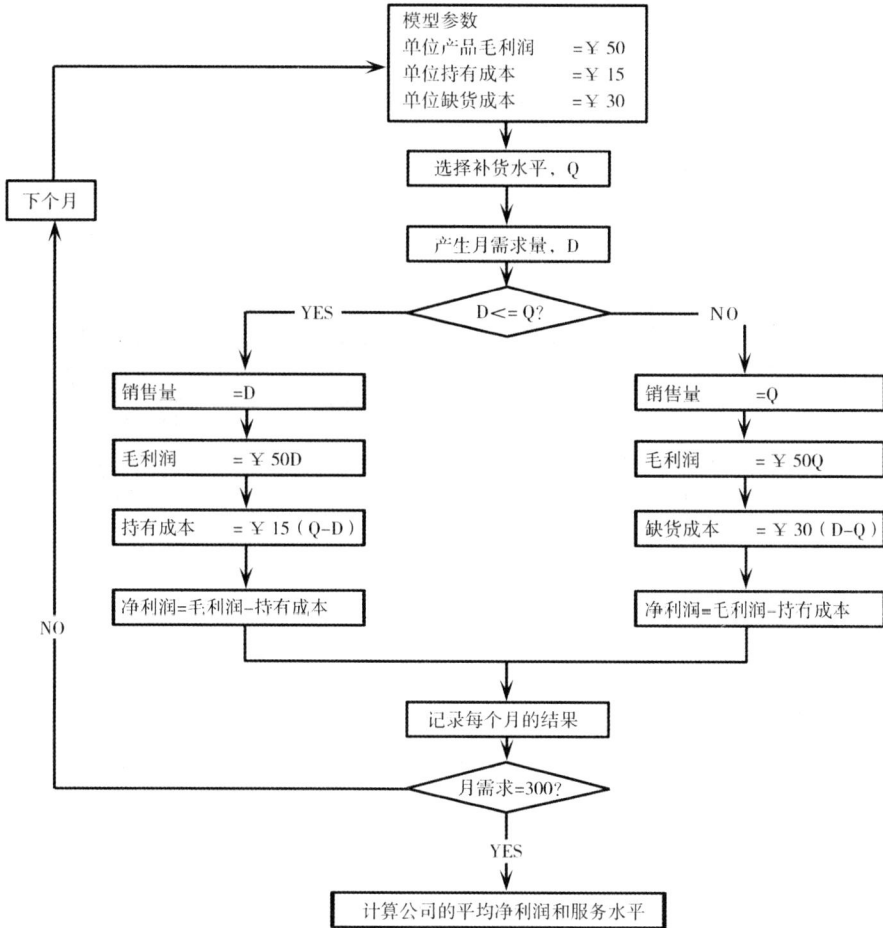

图 5-21 仿真的逻辑过程

	A	B	C	D	E	F	G
1	库存模型						
2							
3	单位产品毛收入		50				
4	单位持有成本		15				
5	单位缺货成本		30				
6							
7	补货水平		100				
8							
9	需求（正态分布）						
10	均值	100					
11	标准差	20					
12							
13							
14	仿真						
15							
16	月	需求	销售量	毛收入	持有成本	缺货成本	净收入
17	1	=NORMINV(RAND(), $B$10, $B$11)	=IF(B17<=$C$7, B17, $C$7)	=$C$3*C17	=IF(B17<=$C$7, $C$4*($C$7-B17), 0)	=IF(B17>$C$7, $C$5*(B17-$C$7), 0)	=D17-E17-F17
18	2	=NORMINV(RAND(), $B$10, $B$11)	=IF(B18<=$C$7, B18, $C$7)	=$C$3*C18	=IF(B18<=$C$7, $C$4*($C$7-B18), 0)	=IF(B18>$C$7, $C$5*(B18-$C$7), 0)	=D18-E18-F18
19	3	=NORMINV(RAND(), $B$10, $B$11)	=IF(B19<=$C$7, B19, $C$7)	=$C$3*C19	=IF(B19<=$C$7, $C$4*($C$7-B19), 0)	=IF(B19>$C$7, $C$5*(B19-$C$7), 0)	=D19-E19-F19
20	4	=NORMINV(RAND(), $B$10, $B$11)	=IF(B20<=$C$7, B20, $C$7)	=$C$3*C20	=IF(B20<=$C$7, $C$4*($C$7-B20), 0)	=IF(B20>$C$7, $C$5*(B20-$C$7), 0)	=D20-E20-F20
21	5	=NORMINV(RAND(), $B$10, $B$11)	=IF(B21<=$C$7, B21, $C$7)	=$C$3*C21	=IF(B21<=$C$7, $C$4*($C$7-B21), 0)	=IF(B21>$C$7, $C$5*(B21-$C$7), 0)	=D21-E21-F21
211	195	=NORMINV(RAND(), $B$10, $B$11)	=IF(B211<=$C$7, B211, $C$7)	=$C$3*C211	=IF(B211<=$C$7, $C$4*($C$7-B211), 0)	=IF(B211>$C$7, $C$5*(B211-$C$7), 0)	=D211-E211-F211
212	196	=NORMINV(RAND(), $B$10, $B$11)	=IF(B212<=$C$7, B212, $C$7)	=$C$3*C212	=IF(B212<=$C$7, $C$4*($C$7-B212), 0)	=IF(B212>$C$7, $C$5*(B212-$C$7), 0)	=D212-E212-F212
213	197	=NORMINV(RAND(), $B$10, $B$11)	=IF(B213<=$C$7, B213, $C$7)	=$C$3*C213	=IF(B213<=$C$7, $C$4*($C$7-B213), 0)	=IF(B213>$C$7, $C$5*(B213-$C$7), 0)	=D213-E213-F213
214	198	=NORMINV(RAND(), $B$10, $B$11)	=IF(B214<=$C$7, B214, $C$7)	=$C$3*C214	=IF(B214<=$C$7, $C$4*($C$7-B214), 0)	=IF(B214>$C$7, $C$5*(B214-$C$7), 0)	=D214-E214-F214
215	199	=NORMINV(RAND(), $B$10, $B$11)	=IF(B215<=$C$7, B215, $C$7)	=$C$3*C215	=IF(B215<=$C$7, $C$4*($C$7-B215), 0)	=IF(B215>$C$7, $C$5*(B215-$C$7), 0)	=D215-E215-F215
216	200	=NORMINV(RAND(), $B$10, $B$11)	=IF(B216<=$C$7, B216, $C$7)	=$C$3*C216	=IF(B216<=$C$7, $C$4*($C$7-B216), 0)	=IF(B216>$C$7, $C$5*(B216-$C$7), 0)	=D216-E216-F216
217							
218							
219		总需求	=SUM(B17:B216)				
220		总销售	=SUM(C17:C216)				
221		每个月利润均值	=AVERAGE(G17:G216)				
222		净利润标准差	=STDEV(G17:G216)				
223		最小净利润	=MIN(G17:G216)				
224		最大净利润	=MAX(G17:G216)				
225		服务水平	=C220/C219				
226							

图 5 – 22　Excel 的仿真过程

	A	B	C	D	E	F	G	H	I	J
4	单位持有成本		$15						标准误差	41.67836
5	单位缺货成本		$30						中位数	4471.6094
6									众数	#N/A
7	补货水平		$100						标准差	589.42102
8									方差	347417.13
9	需求（正态分布）								峰度	1.6746468
10	均值	$100							偏度	-1.258533
11	标准差	$20							区域	2786.6256
12									最小值	2213.2216
13									最大值	4999.8472
14	仿真								求和	861638.51
15									观测数	200
16	月	需求	销售量	毛收入	持有成本	缺货成本	净收入		最大(1)	4999.8472
17	1	83.90356963	83.90356963	$4,195	241.4464556	0	$3,954		最小(1)	2213.2216
18	2	75.46551661	75.46551661	$3,773	368.0172508	0	$3,405		置信度(95.0%)	82.187912
19	3	61.66026088	61.66026088	$3,083	575.0960868	0	$2,508			
20	4	112.6799915	100	$5,000	0	380.39975	$4,620			
21	5	111.8977818	100	$5,000	0	356.93345	$4,643			
211	195	92.85058373	92.85058373	$4,643	107.241244	0	$4,535			
212	196	80.24277916	80.24277916	$4,012	296.3583125	0	$3,716			
213	197	132.2712183	100	$5,000	0	968.13655	$4,032			
214	198	89.19819979	89.19819979	$4,460	162.0270032	0	$4,298			
215	199	96.54499528	96.54499528	$4,827	51.82507084	0	$4,775			
216	200	92.30365238	92.30365238	$4,615	115.4452143	0	$4,500			
217										
218										
219	总需求		19730.71202							
220	总销售		18295.217							
221	每个月利润均值		$4,231							
222	净利润标准差		647.6290088							
223	最小净利润		$2,019							
224	最大净利润		$4,998							
225	服务水平		0.927245656							

图 5 - 23　Excel 仿真的统计结果

表 5 - 10　库存多次仿真结果

补货水平	平均净利润（$）	服务水平（%）
100	4 293	92.5
110	4 524	96.5
120	4 575	98.6
130	4 519	99.6
140	4 399	99.9

经过多次仿真，从表 5 - 10 中可以看到，相对来说，补货水平确定为 120 比较好，此时平均净利润 $ 4 575，服务水平可以达到 98.6%。

5.2.3　项目管理的仿真

例 6　某项目经过 WBS（work breakdown structure）被分解成 9 项工作，逻辑关系、采用三时估计方法估计的结果如图 5 - 24 所示，对应的网络图如图 5 - 25 所示。

	A	B	C	D	E	F	G
1	项目管理						
2							
3						工作时间	
4		工序	工作描述	紧前	最小	最可能	最大
5		A	选择地点		21	21	21
6		B	建立组织和规划		20	25	30
7		C	确定人员需求	B	15	20	30
8		D	设计岗位	A, C	20	28	42
9		E	人员安排	D	40	48	66
10		F	抽调走人	C	12	12	12
11		G	雇新员工	F	20	25	32
12		H	撤走关键人员	F	28	28	28
13		I	培训人员	E, G, H	10	15	24

图 5 - 24　项目的基本参数信息

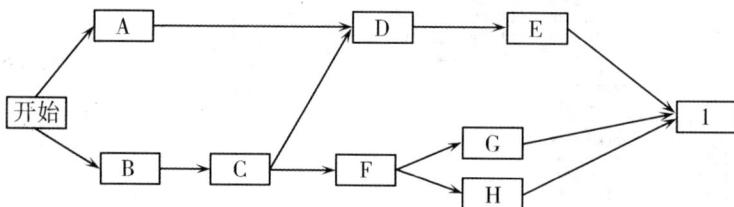

图 5 - 25　项目的网络图

按照网络时间的计算方法，在 Excel 中表达出各节点的时间参数，结果如图 5 - 26 所示的 H 和 J 单元格。

	A	B	C	D	E	F	G	H	I	J
1	项目管理									
2										
3						工作时间				
4		工序	工作描述	紧前	最小	最可能	最大	开始时间	工作时间	完工时间
5		A	选择地点		21	21	21	0	21	=H5+I5
6		B	建立组织和规划		20	25	30	0	25	=H6+I6
7		C	确定人员需求	B	15	20	30	=J6	20	=H7+I7
8		D	设计岗位	A, C	20	28	42	=MAX(J5, J7)	28	=H8+I8
9		E	人员安排	D	40	48	66	=J8	48	=H9+I9
10		F	抽调走人	C	12	12	12	=J7	12	=H10+I10
11		G	雇新员工	F	20	25	32	=J10	25	=H11+I11
12		H	撤走关键人员	F	28	28	28	=J10	28	=H12+I12
13		I	培训人员	E, G, H	10	15	24	=MAX(J9, J11, J12)	15	=H13+I13
14										
15									完工时间	=J13
16										

图 5 - 26　Excel 中项目的网络时间计算

工作 A、F、H 是确定性的时间，其他工作服从三角分布。选定单元格 I6，定义 "分布假设（Define Assumption）" 为 "三角分布（triangular Distribution）"，"最小值（Minimum）" 取 20，"最可能值（Liklymost）" 取 25，"最大值（Maximum）" 取 30。其他工作的假设分布采用同样的方法进行定义。如图 5 – 27 所示。

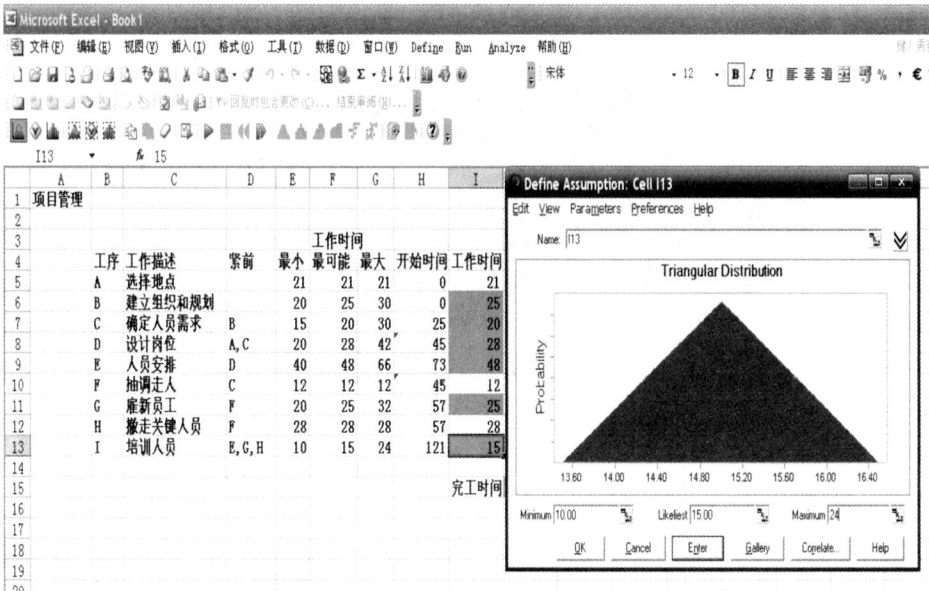

图 5 – 27　项目工作的假设分布定义

"运行（Run）" CB，得到完工工期的频数分布，如图 5 – 28 所示。在菜单 "浏览（View）" 下选择 "统计（Statistics）" 得到完工工期的统计结果，如图 5 – 29 所示。

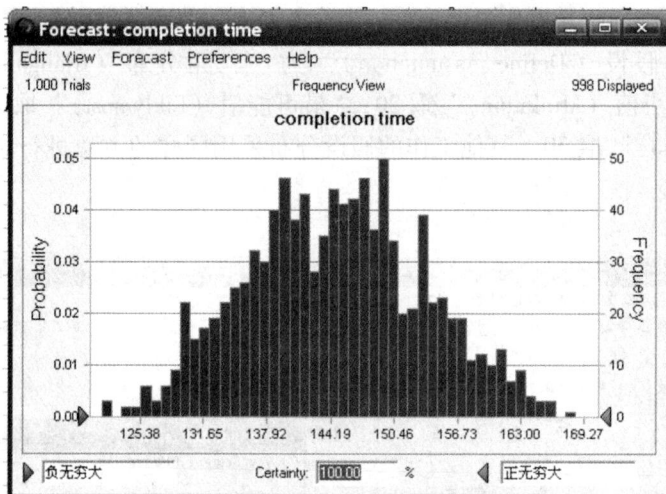

图 5 – 28　项目完工工期的频数分布

图 5 – 29　项目完工工期的统计结果

　　如果要考虑150天项目完工的概率有多大，可以在正无穷大的地方输入150，则就会在"Certainty"处显示完工的概率是 73.11%，如图 5 – 30 所示。如果要考虑160天项目完工不了的概率有多大，可以在负无穷大的地方输入160，则就会在"Certainty"处显示完工不了的概率是 4.80%，如图 5 – 31 所示。

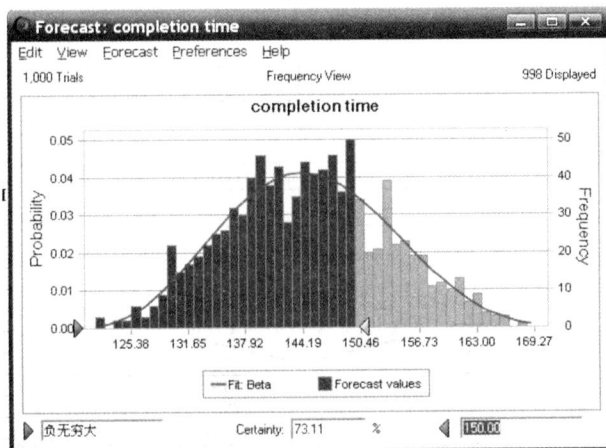

图5-30 给定工期条件下的完工概率

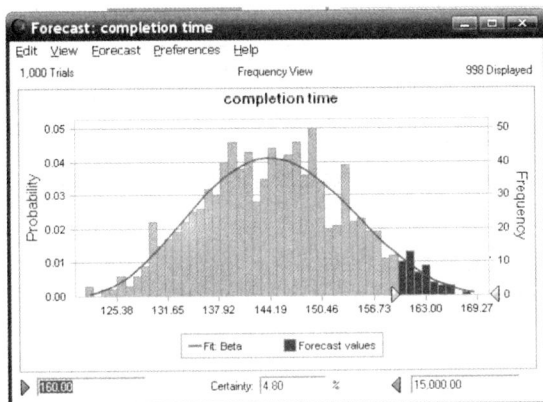

图5-31 给定工期条件下完工不了的概率

5.2.4 排队论的仿真

例7 银行的 ATM 机器服务服从均值为2，标准差为0.5分钟的标准正态分布，顾客的到达服从0~5分钟之间的均匀分布。

分析：因为顾客的到达时间和服务时间都不服从泊松分布，所以，我们不能应用排队论的有关公式计算。但可以通过仿真的方式来分析，ATM 机器服务的仿真逻辑流程图如图5-32所示。

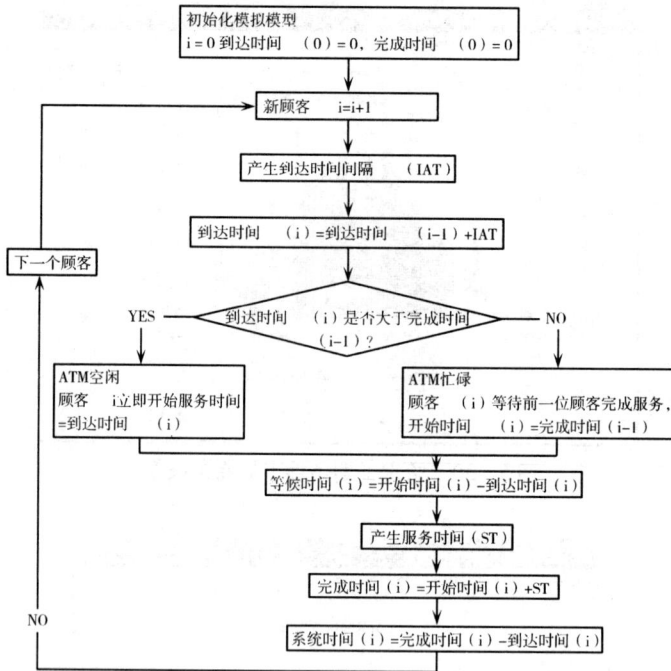

初始化模拟模型
i = 0 到达时间 （0）= 0，完成时间 （0）= 0

新顾客 i=i+1

产生到达时间间隔 （IAT）

到达时间 （i）=到达时间 （i-1）+IAT

到达时间 （i）是否大于完成时间 （i-1）？

下一个顾客

ATM空闲
顾客 i立即开始服务时间 =到达时间 （i）

ATM忙碌
顾客 （i）等待前一位顾客完成服务，开始时间 （i）=完成时间（i-1）

等候时间（i）=开始时间（i）-到达时间（i）

产生服务时间（ST）

完成时间（i）=开始时间（i）+ST

系统时间（i）=完成时间（i）-到达时间（i）

图 5 - 32 ATM 机器服务的仿真逻辑流程图

用 Excel 实现以上仿真的过程如图 5 - 33 所示，其中 A19：A213 的结果被隐藏起来，图 5 - 34 是仿真的结果。

行	A	B	C	D	E	F	G	H
1	银行排队							
2								
3	到达时间（均匀分布）							
4	最小值	0						
5	最大值	5						
6								
7	服务时间（正态分布）							
8	均值	2						
9	标准差	0.5						
10								
11								
12	仿真							
13								
14/15	顾客	间隔时间	到达时间	服务开始时间	等待时间	服务时间	完成时间	在系统中时间
16	1	=$B$4+RAND()*($B$5-$B$4)	=B16	=C16	=D16-C16	=NORMINV(RAND(),$B$8,$B$9)	=D16+F16	=G16-C16
17	2	=$B$4+RAND()*($B$5-$B$4)	=C16+B17	=IF(C17>G16,C17,G16)	=D17-C17	=NORMINV(RAND(),$B$8,$B$9)	=D17+F17	=G17-C17
18	3	=$B$4+RAND()*($B$5-$B$4)	=C17+B18	=IF(C18>G17,C18,G17)	=D18-C18	=NORMINV(RAND(),$B$8,$B$9)	=D18+F18	=G18-C18
214	199	=$B$4+RAND()*($B$5-$B$4)	=C213+B214	=IF(C214>G213,C214,G213)	=D214-C214	=NORMINV(RAND(),$B$8,$B$9)	=D214+F214	=G214-C214
215	200	=$B$4+RAND()*($B$5-$B$4)	=C214+B215	=IF(C215>G214,C215,G214)	=D215-C215	=NORMINV(RAND(),$B$8,$B$9)	=D215+F215	=G215-C215
216								
217		等待顾客数		=COUNTIF(D16:D215,">0")				
218		等候的概率		=D218/200				
219		平均等待时间		=AVERAGE(D16:D215)				
220		最大等待时间		=MAX(D16:D215)				
221		ATM的使用率		=SUM(E16:E215)/(F215-F16)				
222		等待超过1分钟的顾客数		=COUNTIF(D16:D215,">1")				
223		等待超过1分钟的概率		=D223/200				
224								
225								

图5-33 用Excel实现的仿真

	A	B	C	D	E	F	G	H
1	银行排队							
2								
3	到达时间（均匀分布）							
4	最小值	0						
5	最大值	5						
6								
7	服务时间（正态分布）							
8	均值	2						
9	标准差	0.5						
10								
11								
12	仿真							
13								
14		间隔		到达	服务	等待	服务	完成	在系统中
15	顾客	时间		时间	开始时间	时间	时间	时间	时间
16	1	0.729835637		0.72984	0.729835637	0	2.969350148	3.699	2.96935
17	2	4.894228016		5.62406	5.624063653	0	2.525247879	8.149	2.525248
18	3	0.468883282		6.09295	8.149311532	2.06	1.996992181	10.15	4.053357
214	199	4.632408721		523.607	523.6066541	0	1.153192417	524.8	1.153192
215	200	4.811879174		528.42	528.4195333	0	2.444105253	530.9	2.444105
216								
217								
218		等待顾客数		200					
219		等候的概率		1					
220		平均等候时间		258.7620144					
221		最大等待时间		528.4195333					
222		ATM的使用率		-443.430335					
223		等待超过分钟的顾客数		199					
224		等候超过1分钟的的概率		0.995					
225								

图 5-34　ATM 机器的仿真结果

从仿真的统计结果来看，仿真 200 次（相当于有 200 个顾客的情况），有 115 个顾客要排队等候，因此，该 ATM 机器的服务不能满足需要，需要增加 ATM 机器。

本章小结

管理的问题变得越来越复杂和随机化，针对随机性的问题，仿真是一种很有效的解决问题的方法。本章介绍了仿真的基本概念、工作步骤，以及 Monte Carlo 仿真的原理。然后，用 Excel 和 Crystal Ball 作为工具，以管理工作中的几个典型应用，包括设备更新的比较和选择、库存论、排队论、项目管理等为分析问题的背景，介绍了仿真模型的建立、软件工具的使用，以及仿真结果的分析。本文选用 Crystall Ball 作为仿真工具，是因为该软件可以直接作为加载宏加载到 Excel，使用也很方便。

练习题

1. 假定某工厂准备承包一项生产任务，承包的期限不定，可能是 3 年、4

年或 5 年。承包 3 年的概率为 0.3，4 年的概率为 0.4，5 年的概率为 0.3。为了完成这项生产任务，工厂需要购买一种机器。现有 A、B、C 三种机器，它们的原始费用分别为 50 000 元，40 000 元，70 000 元。估计机器的年度使用费用如表 5-11 所示。

表 5-11　设备使用情况的基本数据

机器 A		机器 B		机器 C	
年度使用费（元）	概率	年度使用费（元）	概率	年度使用费（元）	概率
1 000	2/5	2 000	1/5	800	1/6
2 000	3/5	3 000	3/5	1 500	1/3
		4 000	1/5	2 500	1/3
				3 000	1/6

假定机器的残值均为零，基准贴现率为 12%，请比较三个方案的优劣。

2. 已知某项研究与开发项目的资料如表 5-12 所示，求：（1）计算完成这一计划项目需要的天数；（2）该计划项目在 60 天内完成的概率。

表 5-12　项目的基本参数

工序		a	b	c	d	e	f	g	h	i	j
紧前工序		-	-	-	b, c	a	d, e	d, e	c	g, f	i, h
需要的天数	最乐观	7	6	8	9	6	15	18	4	4	7
	最可能	7	7	10	10	7	20	20	5	5	10
	最保守	7	9	15	12	8	27	24	7	7	30

3. 设某仓库前有一卸货场，货车一般是夜间到达，白天卸货。每天只能卸货 2 车，若一天内到达数超过 2 车，那么就推迟到次日卸货。根据表 5-13 所示的经验，货车到达数的概率分布（相对频率）平均为 1.5 车/天，求每天推迟卸货的平均数。

表 5-13　货车到达的车数和概率

到达车数	0	1	2	3	4	5	≥6
概率	0.23	0.30	0.30	0.10	0.05	0.02	0.00

4. 某厂对原料需求的概率如表 5 – 14 所示。

表 5 – 14 某厂的原料需求及概率参数

需求量	20	30	40	50	60
概率	0. 1	0. 2	0. 3	0. 3	0. 1

每次订购费为 500 元，原料每吨价格为 400 元，每吨原料存储费为 50 元，每吨缺货费 600 元，该厂希望制定 (s, S) 型存储策略，试求 s 及 S。

6 马尔可夫过程

本章要求

☐ 掌握马尔可夫过程的基本原理

☐ 掌握马尔可夫模型的结论

☐ 理解具有吸收状态的马尔可夫模型的特征及结论

马尔可夫过程具有如下特性：在已知目前状态（现在）的条件下，它未来的演变（将来）不依赖于它以往的演变（过去）。在现实世界中，有很多过程都是马尔可夫过程，如森林中动物头数的变化、液体中微粒所作的布朗运动、受传染病感染的人数、车站的候车人数、原子核中自由电子在电子层中的跳跃、人口增长过程等都可视为马尔可夫过程。还有些过程（例如某些遗传过程）在一定条件下可以用马尔可夫过程来近似表示。本章中我们从一个案例给出了马尔可夫过程模型的原理与应用，推导出马尔可夫模型的结论，同时基于马尔可夫过程，简单介绍了吸收状态的概念。

6.1 马尔可夫过程简介

马尔可夫过程（Markov process）是一类随机过程。在非确定型决策问题中，其不确定因素有时会服从某种统计规律，利用这种统计特性，可以得出某些一般规律，马尔可夫决策模型就是要解决这类随机性决策问题。在这类问题中，系统的状态概率是不断变化的。

马尔可夫过程由俄国数学家安德烈·马尔可夫（A. A. Markov，1856—1922）于1907年提出，是数学中具有马尔可夫性质的离散时间随机过程。该过程中，在给定当前知识或信息的情况下，过去（即当期以前的历史状态）对于预测将来（即当期以后的未来状态）是无关的。其基本思想是根据当前状态的概率分布来推断未来状态的分布，并以此作出判断和决策。

马尔可夫是彼得堡数学学派的代表人物，以数论和概率论方面的工作著称，他的主要著作有《概率演算》等。在数论方面，他研究了连分数和二次不定式理论，解决了许多难题。在概率论中，他发展了矩法，扩大了大数定律和中心极限定理的应用范围。马尔可夫最重要的工作是在 1906 年至 1912 年间，提出并研究了一种能用数学分析方法研究自然过程的一般图式——马尔可夫链，同时开创了对一种无后效性的随机过程——马尔可夫过程的研究。马尔可夫经多次观察试验发现，一个系统的状态转换过程中第 n 次转换获得的状态常取决于前一次——第（$n-1$）次试验的结果。马尔可夫进行深入研究后指出：对于一个系统，由一个状态转至另一个状态的转换过程中，存在着转移概率，并且这种转移概率可以依据其紧接的前一种状态推算出来，与该系统的原始状态和此次转移前的马尔可夫过程无关。目前，马尔可夫链理论与方法已经被广泛应用于自然科学、工程技术和公用事业中，在经济、社会、生态和遗传等学科都有广泛的应用。

关于马尔可夫过程的理论研究，1931 年 A. H. 柯尔莫哥洛夫发表了《概率论的解析方法》，首先将微分方程等分析方法用于这类过程，奠定了它的理论基础。1951 年前后，伊藤清在 P. 莱维和 C. H. 伯恩斯坦等人工作的基础上，建立了随机微分方程的理论，为研究马尔可夫过程开辟了新的道路。1954 年前后，W. 弗勒将泛函分析中的半群方法引入马尔可夫过程的研究中，E. Б. 登金（又译邓肯）等赋予它概率意义（如特征算子等）。20 世纪 50 年代初，角谷静夫和 J. L. 杜布等发现了布朗运动与偏微分方程论中狄利克雷问题的关系，后来 G. A. 亨特研究了相当一般的马尔可夫过程（亨特过程）与位势的关系。

某些信息，如某种产品各种品牌的市场占有率、某地区在不同超市购买产品的概率，特定人群的各种健康状态的概率等，这些数据可以用一组数据来表示，而且这些数据都是非负的，且总和为 1。这些数据的每一个数实际上都是概率，我们也将这组数据称为概率向量。例如，某一个养老院所有人通过某种测试数据，其健康状态如下：状态评估为优的人占 30%，状态评估为良的人占 50%，状态评估为差的人占 20%，则这一向量（0.3，0.5，0.2）就是一个概率向量。

我们把每一行都是概率向量的方阵称为概率矩阵。

如 $A = \begin{bmatrix} 0.30 & 0.50 & 0.20 \\ 0 & 1.00 & 0 \\ 0.34 & 0.28 & 0.38 \end{bmatrix}$ 就是概率矩阵。

6.2 市场份额分析

下面通过一个简单的市场营销的应用案例来说明马尔可夫过程。

例 1 假设市场上只有两种可乐，一种流行可乐，一种古典可乐，我们做一个市场份额及顾客忠诚度的分析。我们重点关注一下顾客的消费行为。假设顾客只买一种可乐，并且每周都会买一次。用马尔可夫过程的术语，我们将每周购买某种可乐称为过程事件；顾客只有两种状态：或买流行可乐，或买古典可乐，被选中的可乐产品称为该时期的系统状态。在每一个事件中，顾客可以有两种产品可以选择，故我们说该系统有两种状态。由于系统状态的数量是有限的，我们可以用以下的方式说明每种状态：

状态 1：顾客买流行可乐；

状态 2：顾客买古典可乐。

这样，若我们说系统在事件 4 的状态 2 时，则表示顾客在第 4 周买了古典可乐。

事件 0 即为初始状态。

购物过程的未来发展属于随机事件，我们并不能确定顾客在某周或某个事件中会购买哪种可乐。实际上，在任意给定的周中，顾客既可能购买流行可乐，也可能购买古典可乐。但我们使用马尔可夫过程模型就可以计算出在任何期间顾客购买两种可乐的概率。假设，我们会发现顾客某周有 0.6 的概率会买流行可乐，当然购买古典可乐的概率就是 0.4。

要确定在马尔可夫过程连续事件中各种状态发生的概率，我们需要一些必要的信息，即随着过程从一个事件到另一个事件，或者说从一周到另一周，顾客继续购买同一种可乐的概率或转向另一种可乐的概率。

假设通过一定的市场调研我们收集了若干资料，同时，我们还可以进一步假设，这些资料可以表明顾客对这两种产品的购买习惯，也就是每周是购买流行可乐还是古典可乐的概率。

要建立一个每周购买可乐顺序的马尔可夫过程模型，我们需要知道在前一周状态（所选某种可乐）已知的条件下，某一周选择状态（某种可乐）的概率。如前所述，我们在做市场调研时统计出所有某周购买流行可乐的顾客中，有 90% 的人在下周仍然购买流行可乐，而另外 10% 的人则转向了古典可乐。类似地，某周购买古典可乐的顾客，有 80% 的顾客下周会继续购买古典可乐，有 20% 的顾客转向流行可乐。表 6-1 给出了根据以上资料得出的概率，这些概率说明了顾客从某一个周所处状态到下一周每个状态的运动或转移，我们称这些概率为转移概率。

表 6 - 1　顾客购买流行可乐和古典可乐的转移概率

当前购物周	下一购物周	
	流行可乐	古典可乐
流行可乐	0.9	0.1
古典可乐	0.2	0.8

转移概率的一个重要特征就是每行概率的和都是 1，且表的每一行都给出了概率分布。例如，某周内顾客不是买流行可乐就是买古典可乐，第一行的记录给出了关于这些事件的概率。表 6 - 1 中概率 0.9 表示本周买流行可乐的顾客下周仍买流行可乐的概率，概率 0.1 表示本周买流行可乐的顾客下周转向买古典可乐的概率。表 6 - 1 中概率 0.9 和 0.8 可以理解为对商品忠诚度的衡量，它说明了顾客重复购买某一种可乐的概率；同样的，0.1 和 0.2 的概率则可看成是对顾客转换品牌这一特征的衡量。在建立这个问题的马尔可夫过程模型时，我们假设转移概率对于任何顾客都是相同的，并且不会随时间变化而变化，这也是马尔可夫过程的基本假设。

我们用 P 矩阵表示转移矩阵，其中的每一个元素 P_{ij} 表示从某一状态 i 转移到下一状态 j 的概率。

对于此问题，$P = \begin{bmatrix} p_{11} & p_{12} \\ p_{21} & p_{22} \end{bmatrix} = \begin{bmatrix} 0.9 & 0.1 \\ 0.2 & 0.8 \end{bmatrix}$

利用转移概率矩阵，我们可以确定顾客在未来某期间内购买流行可乐和古典可乐的概率。假设有一名顾客本周（事件 0）购买的是流行可乐（状态 1），那么这名顾客在下周，也就是事件 1，也仍然买流行可乐（状态 1）的概率是多少呢？即在第 1 次转移之后，系统处于状态 1 的概率是多少？我们可以得出，根据状态矩阵，这一概率应为 p_{11}，即 0.9。同样我们考虑在事件 2（即第 2 周）下的系统状态，这一顾客在第 2 周仍然买流行可乐（状态 1）的概率是多少？利用状态矩阵，我们可以得到是 0.9 × 0.9 = 0.81。但仅仅只有 0.81 吗？有没有原来购买古典可乐（状态 2）现在转移到购买流行可乐（状态 1）的人数的概率呢？

关于这个问题我们可以构建树状图来分析，如图 6 - 1 所示：

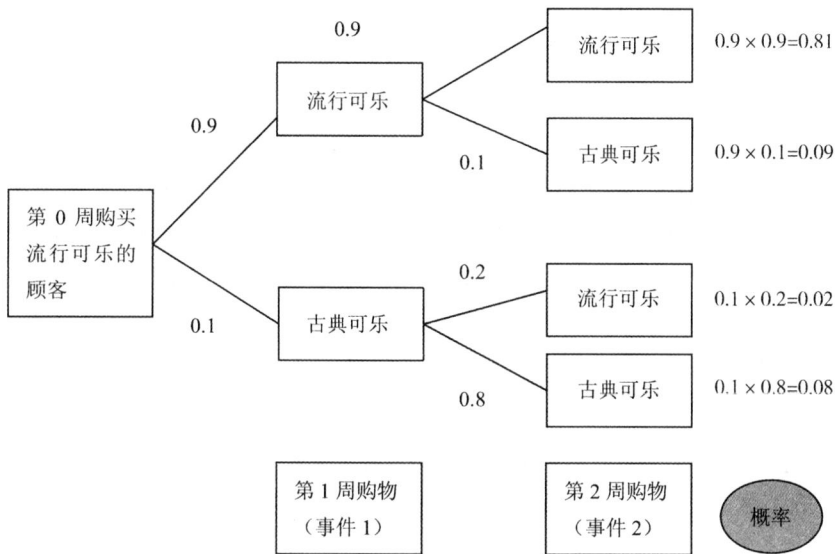

图6-1 第0周购买流行可乐的顾客后两周购买可乐概率的树状图

由图6-1可知，在状态2（第2周）的情况下，购买流行可乐的概率是0.81+0.02=0.83，即第1周、第2周都买流行可乐的概率0.81与第1周买古典可乐而第2周转换成流行可乐的概率0.02之和；同理，购买古典可乐（状态2）的概率是0.09+0.08=0.17。

从直观看，树状图方法是一种理想的方法，很好理解，但当事件逐渐增多时，如需要问第10周的情况，情况会变得比较烦琐。

同时，若我们将状态扩展到3个或更多，如较常见的情况是：第0周（事件0），有购买流行可乐的（状态1），有购买古典可乐的（状态2），有两种都不买的（状态3），假设概率分别是0.5、0.3、0.2，这样三种状态就比只有两种状态更符合实际。假设第0周购买流行可乐（状态1）的在第1周仍然购买流行可乐（状态1）的概率是0.6，转换品牌购买古典可乐（状态2）的概率为0.3，转成什么也不买（状态3）的概率为0.1，即 $p_{11}=0.6$，$p_{12}=0.3$，$p_{13}=0.1$。如此，假设第0周购买古典可乐（状态2）的在第1周转成购买流行可乐（状态1）的概率即 $p_{21}=0.2$，购买古典可乐（状态2）仍然购买古典可乐（状态2）的概率即 $p_{22}=0.5$，购买古典可乐（状态2）转成购买什么也不买（状态3）的概率即 $p_{23}=0.3$。同样，假设 $p_{31}=0.15$，$p_{32}=0.15$，$p_{33}=0.7$，则得到转移概率矩阵为：

$$P = \begin{bmatrix} p_{11} & p_{12} & p_{13} \\ p_{21} & p_{22} & p_{23} \\ p_{31} & p_{32} & p_{33} \end{bmatrix} = \begin{bmatrix} 0.6 & 0.3 & 0.1 \\ 0.2 & 0.5 & 0.3 \\ 0.15 & 0.15 & 0.7 \end{bmatrix}$$

可以看到，每一行的和都是1，每一行都是概率向量，此方阵也是概率矩阵。若要通过树状图的方式求几周以后买流行可乐的顾客的概率就麻烦很多。

再扩展到更一般的情况，不仅有不买可乐的，还有购买其他品牌的可乐的，如第0周（事件0），有购买流行可乐的（状态1），有购买古典可乐的（状态2），有两种都不买的（状态3），有购买其他品牌的（状态4）。假设转移概率矩阵为：

$$P = \begin{bmatrix} p_{11} & p_{12} & p_{13} & p_{14} \\ p_{21} & p_{22} & p_{23} & p_{24} \\ p_{31} & p_{32} & p_{33} & p_{34} \\ p_{41} & p_{42} & p_{43} & p_{44} \end{bmatrix} = \begin{bmatrix} 0.45 & 0.3 & 0.15 & 0.1 \\ 0.1 & 0.5 & 0.2 & 0.2 \\ 0.1 & 0.2 & 0.6 & 0.1 \\ 0.2 & 0.3 & 0.1 & 0.4 \end{bmatrix}$$

以第四行为例，表示买其他品牌可乐（状态4）的转换成买流行可乐（状态1）的概率是0.2，转换成买古典可乐（状态2）的概率是0.3，转换成不买可乐（状态3）的概率是0.1，仍然买其他品牌（状态4）的概率是0.4。当然还可以再继续扩展，但这一过程就越来越难以用树状图来表示。

然而，我们可以根据转移概率的特征，利用两个状态的情况推导出一般性的结论。

为此，先引入一个符号 $T_i(n)$。其中 i 表示状态，如状态1即指购买流行可乐；n 表示事件 n，如 $n=4$ 表示第4周，或第4周期；$T_i(n)$ 表示事件 n 处于状态 i 的概率，我们又称这一概率为状态概率。$T_1(0)$ 和 $T_2(0)$ 表示某种产品在初始时刻（第0周）处于状态1或者状态2的概率。第0周表示距离我们刚开始分析时的最近的事件，假设我们设 $T_1(0)=1$ 且 $T_2(0)=0$，也就是说初始条件是顾客原来买的是流行可乐；同样若我们设 $T_1(0)=0$ 且 $T_2(0)=1$，则初始条件是顾客原来买的是古典可乐。

如图6-1所示，我们考虑第0周顾客买流行可乐的情况，以一个向量表示：$[T_1(0), T_2(0)]=[1, 0]$，是一个代表系统初始状态概率的向量，一般说来也可称为市场占有率概率向量 $T(0)$。

我们用 $T(n)=[T_1(n), T_2(n)]$ 表示在第 n 周的系统状态概率的向量，即 $T(1)$ 表示第1周状态概率的向量，$T(2)$ 表示第2周状态概率的向量……

单位时间内的转换概率矩阵为常数矩阵 P，即其中的元素不随时间的变化而变化，则第 1 时刻的市场占有率 $T(1) = T(0) P$，第 2 时刻的市场占有率 $T(2) = T(1) P = T(0) PP = T(0) P^2$，第 3 时刻的市场占有率 $T(3) = T(2) P = T(1) PP = T(0) PPP = T(0) P^3$，…，第 n 时刻的市场占有率 $T(n) = T(n-1) P = T(0) P^n$。

我们计算如下：

$$
\begin{aligned}
\left[T_1(1), T_2(1) \right] &= \left[T_1(0), T_2(0) \right] P \\
&= (1 \quad 0) \begin{bmatrix} 0.9 & 0.1 \\ 0.2 & 0.8 \end{bmatrix} = (0.9 \quad 0.1)
\end{aligned}
$$

状态概率 $T_1(1) = 0.9$ 和 $T_2(1) = 0.1$ 是一名第 0 周买流行可乐的顾客第 1 周会买流行可乐和古典可乐的概率。

同样，我们计算出第 2 周的状态概率如下：

$$
\begin{aligned}
\left[T_1(2), T_2(2) \right] &= \left[T_1(1), T_2(1) \right] P \\
&= (0.9 \quad 0.1) \begin{bmatrix} 0.9 & 0.1 \\ 0.2 & 0.8 \end{bmatrix} = (0.83 \quad 0.17)
\end{aligned}
$$

顾客第 2 周会买流行可乐的概率是 0.83，买古典可乐的概率是 0.17，这与图 6-1 的树状图得到的结果是相同的。继续下去，我们可以计算出将来任何时期的状态概率，即

$T(3) = T(2) P$

$T(4) = T(3) P$

…

$T(n+1) = T(n) P$

表 6-2 列出了用这种方法得出的 n 周后若干事件的结果。

表6-2　某顾客在第0周购买了流行可乐后的未来各周购买状态的概率

状态概率	事件（n）										
	0	1	2	3	4	5	6	7	8	9	10
$T_1(n)$	1.00	0.900	0.830	0.781	0.747	0.723	0.706	0.694	0.686	0.680	0.676
$T_2(n)$	0	0.100	0.170	0.219	0.253	0.277	0.294	0.306	0.314	0.320	0.324

状态概率	事件（n）						
	...	20	...	30	...	40	...
$T_1(n)$		0.667		0.667		0.667	
$T_2(n)$		0.333		0.333		0.333	

从表6-2发现，在经过几个周期以后，从一个事件到下一个事件的概率变化并不太大，且当 n 取足够大时，概率趋于稳定。

我们也可将这一分析再做一遍，这次我们把初始状态改变一下，我们考虑第0周顾客购买古典可乐的情况，以一个向量表示：

$$[T_1(0), T_2(0)] = [0, 1]$$

同理：

$$[T_1(1), T_2(1)] = [T_1(0), T_2(0)]P$$
$$= (0 \quad 1) \begin{bmatrix} 0.9 & 0.1 \\ 0.2 & 0.8 \end{bmatrix} = (0.2 \quad 0.8)$$

状态概率 $T_1(1) = 0.2$ 和 $T_2(1) = 0.8$ 是第0周买古典可乐的顾客第1周会买流行可乐和古典可乐的概率。

同样，我们计算出第二周的状态概率如下：

$$[T_1(2), T_2(2)] = [T_1(1), T_2(1)]P$$
$$= (0.2 \quad 0.8) \begin{bmatrix} 0.9 & 0.1 \\ 0.2 & 0.8 \end{bmatrix} = (0.34 \quad 0.66)$$

这名顾客第2周会买流行可乐的概率是0.34，买古典可乐的概率是0.66，同前一样，我们可以计算出将来任何时期的状态概率，即：

$$T(3) = T(2)P$$
$$T(4) = T(3)P$$
$$...$$
$$T(n+1) = T(n)P$$

表6-3列出了某顾客在第0周购买了古典可乐后的未来各周购买状态的概率。

表6-3　某顾客在第0周购买了古典可乐后的未来各周购买状态的概率

状态概率	事件（n）										
	0	1	2	3	4	5	6	7	8	9	10
$T_1(n)$	0	0.200	0.340	0.438	0.507	0.555	0.589	0.612	0.628	0.640	0.648
$T_2(n)$	1.00	0.800	0.660	0.562	0.493	0.445	0.411	0.388	0.372	0.360	0.352

状态概率	事件（n）							
	...	20	...	30	...	40	...	
$T_1(n)$		0.667		0.667		0.667		
$T_2(n)$		0.333		0.333		0.333		

同样我们可以发现在经过几周（几个事件）后，从一个事件到下一个事件的概率变化并不太大，当 n 取足够大时，概率趋于稳定。我们再对照表6-2，还发现不管初始状态是什么，顾客都有66.7%的概率选购流行可乐，都有33.3%的概率选购古典可乐。

为进一步进行分析，我们引入定理6.1。

定理6.1　如果 A 和 B 皆为概率矩阵，则乘积 AB 亦为概率矩阵。

证明：

要证明 AB 为概率矩阵必须证明两件事，一是 AB 的所有元素大于等于零，二是 AB 的每一行之和等于1。

$$已知A = [a_{ij}]_{m\times n} = \begin{bmatrix} a_{11} & a_{12} & \cdots & a_{1n} \\ a_{21} & a_{22} & \cdots & a_{2n} \\ & & \cdots & \cdots \\ a_{m1} & a_{m2} & & a_{mn} \end{bmatrix}$$

$$B = [a_{ij}]_{n\times l} = \begin{bmatrix} a_{11} & a_{12} & \cdots & a_{1l} \\ a_{21} & a_{22} & \cdots & a_{2l} \\ & & \cdots & \cdots \\ a_{n1} & a_{n2} & & a_{nl} \end{bmatrix}$$

$$AB = \begin{bmatrix} c_{ij} \end{bmatrix}_{m \times l} = \begin{bmatrix} \sum_{i=1}^{n} a_{1i}b_{i1} & \sum_{i=1}^{n} a_{1i}b_{i2} & \cdots & \sum_{i=1}^{n} a_{1i}b_{il} \\ \sum_{i=1}^{n} a_{2i}b_{il} & \sum_{i=1}^{n} a_{2i}b_{i2} & \cdots & \sum_{i=1}^{n} a_{2i}b_{il} \\ & \cdots & & \cdots \\ \sum_{i=1}^{n} a_{mi}b_{i1} & \sum_{i=1}^{n} a_{mi}b_{i2} & \cdots & \sum_{i=1}^{n} a_{mi}b_{il} \end{bmatrix}$$

因为 A、B 的每一个元素都大于零，故由矩阵相乘的关系，AB 的所有元素大于零是显然的。

现证明 AB 的每一行元素之和等于 1。

任取 AB 中的一行（第 j 行）相加

$$\sum_{i=1}^{n} a_{ji}b_{i1} + \sum_{i=1}^{n} a_{ji}b_{i2} + \cdots + \sum_{i=1}^{n} a_{ji}b_{il}$$

$= (a_{j1}b_{11} + a_{j2}b_{21} + a_{j3}b_{31} + \cdots + a_{jn}b_{n1}) + (a_{j1}b_{12} + a_{j2}b_{22} + a_{j3}b_{32} + \cdots + a_{jn}b_{n2}) + \cdots + (a_{j1}b_{1l} + a_{j2}b_{2l} + a_{j3}b_{3l} + \cdots + a_{jn}b_{nl})$

$= a_{j1}(b_{11} + b_{12} + \cdots + b_{1l}) + a_{j2}(b_{12} + b_{22} + \cdots + b_{2l}) + \cdots + a_{jn}(b_{n1} + b_{n2} + \cdots + b_{nl})$

$= a_{j1} + a_{j2} + \cdots + a_{jn} = 1$

由于 j 是任意取的，所以，AB 的任一行元素之和均等于 1。得证。

如定理 6.1 的证明，两个概率矩阵相乘仍然是概率矩阵。因此，只要 P 是概率矩阵，则 P^2，P^3，$\cdots$，P^n，$\cdots$，就都是概率矩阵。

一个向量 $T(0)$ 在一连串时刻经过一连串的转换后，$T(1) = T(0)P$，$T(2) = T(1)P = T(0)P^2$，$T(3) = T(2)P = T(0)P^3$，$\cdots$，$T(n) = T(n-1)P = T(0)P^n$，$\cdots$，可得到一连串的概率向量 $T(0)$，$T(1)$，$T(2)$，$T(3)$，$\cdots$，$T(n)$，$\cdots$，这种过程叫马尔可夫过程。对马尔可夫过程进行研究，可以观察和预测该过程未来变化的趋向，这种分析称为马尔可夫分析。

马尔可夫分析的一个重要结论就是，在假设转换概率矩阵 P 是常数矩阵的条件下，不论初始状态如何，即不论初始概率 $T(0)$ 是什么样的概率向量，都不会影响最终的稳定结果。转换矩阵 P 体现了这种变化的规律，影响最终的结果。

上述原理在我们日常生活中也常遇到：如果一个人坚持不断地背单词，那么不管他现在的水平如何，迟早会达到某种词汇量的要求；将一个小球放在碗的边缘，不管放在碗边的多少高度，最终总会稳定在碗底，这是由小球向碗底滚动的规律所决定的。

6.3 稳态概率

我们仍然以上述可乐为例。如果我们继续进行马尔可夫过程，可以发现当 n 越来越大时，$T(n)$ 与 $T(n+1)$ 的差距变得越来越小，这一结果为我们不用进行大量的计算从而得到稳态概率提供了基础。

我们知道 $\left[T_1(n+1), T_2(n+1)\right] = \left[T_1(n), T_2(n)\right] P =$ $\left[T_1(n), T_2(n)\right]\begin{bmatrix} 0.9 & 0.1 \\ 0.2 & 0.8 \end{bmatrix}$

由于当 n 足够大时，$T(n)$ 与 $T(n+1)$ 的差别可以忽略不计，故在稳态中，我们得到 $T_1(n+1) = T_1(n) = T_1$，$T_2(n+1) = T_2(n) = T_2$，代入上式，得

$$\begin{bmatrix} T_1 & T_2 \end{bmatrix} = \begin{bmatrix} T_1 & T_2 \end{bmatrix}\begin{bmatrix} 0.9 & 0.1 \\ 0.2 & 0.8 \end{bmatrix}$$

按矩阵乘法运算，即 $T_1 = 0.9\,T_1 + 0.2\,T_2$
$$T_2 = 0.1\,T_1 + 0.8\,T_2$$

同时，我们知道概率之和也必须为 1，即 $T_1 + T_2 = 1$

联立解方程，得：$\begin{cases} T_1 = 2/3 \\ T_2 = 1/3 \end{cases}$

即从长期看，在 P 矩阵的作用下，有 0.667 概率的顾客会买流行可乐，有 0.333 概率的顾客会买古典可乐。稳态概率也可看做这两种产品的市场份额。

我们将之扩展到一般情况，考虑一系列有随机因素影响的试验，每次试验结果出现事件 S_1，$S_2\cdots$，S_m 中的一个且仅出现一个，称这些 S_i（$i = 1, 2, \cdots, m$）为状态，称系统处于 S_i 状态。系统在每一时刻所处的状态是随机的。若下一时刻（时刻 $t+1$）的状态仅取决于这一时刻（时刻 t）的状态和转移概率，与这一时刻以前的状态无关，则称此为无后效性（无记忆性）或 Markov 性。通俗地说，将来的状态只与现在的已知状态有关，与过去的历史无关。换一个说法，从过程演变或推移的角度上考虑，若系统在时刻 $t+1$ 的状态概率仅仅依赖于当前 t 时刻的状态概率，而与如何达到这个状态的初始概率无关，这一特性即 Markov 性。马尔可夫链（或称马氏链）是时间和状态都已离散化

的无后效性的随机过程。

设随机变量序列 $\{X_1, X_2, \cdots, X_m, \cdots\}$，其状态集合为 $S = \{S_1, S_2, \cdots, S_m, \cdots\}$，若对任意的 k 和任意正整数 $i_1, i_2, \cdots, i_k, i_{k+1}$，有下列式子成立：

$$P\{X_{k+1} = S_{ik+1} \mid X_1 = S_{i1}, X_2 = S_{i2}, \cdots, X_k = S_{ik}\} = P\{X_{k+1} = S_{ik+1} \mid X_k = S_{ik}\}$$

则称随机变量序列 $\{X_1, X_2, \cdots, X_m, \cdots\}$ 为一个 Markov 链（Markov chains）。

若系统从状态 S_i 转移到状态 S_j，将条件概率 $P(S_j \mid S_i)$ 称为状态转移概率，记作 $P(S_j \mid S_i) = p_{ij}$，也可简单地说，p_{ij} 是从 i 到 j 的转移概率。

对于条件概率，

$$p_{ij}^{(k)} = P(X_{k+1} = S_j \mid X_i = S_i) \quad (i, j = 1, 2, \cdots, n)$$

称为状态 S_i 到状态 S_j 的步转移概率。当 $k = 1$ 时，称为从状态 S_i 到状态 S_j 的一步转移概率。

假设系统的状态为 $S_1, S_2, \cdots, S_n$ 共 n 个状态，而且任一时刻系统只能处于一种状态。若当前它处于状态 S_i，那么下一个单位时间，它可能由 S_i 转向 $S_1, S_2, \cdots, S_i, \cdots, S_n$ 中之一状态；相应的转移概率为 $p_{i1}, p_{i2}, \cdots, p_{ii}, \cdots, p_{in}$，有

$$\begin{cases} 0 \leqslant p_{ij} \leqslant 1 \\ \sum_{j=1}^{n} p_{ij} = 1 \quad (i = 1, 2, \cdots, n) \end{cases} \tag{6.1}$$

并称矩阵

$$P = (p_{ij})_{n \times n} \tag{6.2}$$

为转移概率矩阵或状态转移矩阵（简称转移矩阵）。

对于 k 步转移矩阵，有

$$P^{(k)} = (p_{ij}^{(k)})_{n \times n} \tag{6.3}$$

其中 $p_{ij}^{(k)}$ 也满足（6.1）。

满足式（6.1）的 P 矩阵为随机矩阵或概率矩阵。定理 1 已经证明，若 P_1, P_2 均为 $n \times n$ 的概率矩阵，则 $P_1 \cdot P_2$ 及 P_1^n 都是概率矩阵。

式（6.1）的第二式表示各行的概率和等于 1；若进一步满足各列的概率和也等于 1，这时的矩阵称为双重概率矩阵。

若 P 为概率矩阵，且存在 $m > 0$，使 P^m 中诸元素皆大于 0，则称 P 为标准（正规）概率矩阵。设 P 是标准概率矩阵，则必存在非零行向量 $T = (t_1, t_2, \cdots, t_n)$ 使得

$$TP = T$$

称 T 为 P 的平衡向量。若进一步满足

$$t_1 + t_2 + \cdots + t_n = 1$$

称此 t_j 为状态 S_j 的稳态（平衡）概率。P 的这一特性在现实中有重要的价值。通常在市场预测中，所讨论的用户转移概率矩阵就属于标准概率矩阵，它可以通过几步达到稳定（平衡）状态。在这种情况下，各厂家的用户占有率不再发生变化，此时的 T 称为最终用户占有率向量。如上述可乐中，可以通过若干步达到稳定状态，最终用户占有率是流行可乐占 66.7%，古典可乐占 33.3%。

例 2   假设顾客可以从三家汽车公司购买汽车，顾客从上次购车品牌到下次购车品牌的概率变化的情况如表 6 - 4 所示：

表 6 - 4   顾客购买情况调查

上次购车的公司	下次购车的公司		
	A	B	C
A	0.2	0.5	0.3
B	0.2	0.7	0.1
C	0.3	0.3	0.4

假定一名顾客在第一次购买了 A 品牌汽车，试问第三次他购买 B 品牌的概率是多少？

解：这实际上要求的是二步转移概率

$$P_{12}^{(2)} = P\,(X_3 = s_2 \mid X_1 = s_1)$$

不妨认为顾客每次买车时，只对他前次所买汽车品牌有印象（记忆），因此我们可以用一个 Markov 链 $\{X_m \mid m = 1, 2, \cdots\}$ 来描述顾客对汽车的需求情况。这里，随机变量 X_m 表示顾客在第 m 次购买汽车的品牌，令 $s_1 = $ A，$s_2 = $ B，$s_3 = $ C。故此 Markov 链的转移概率矩阵（即一步转移矩阵 $P^{(1)}$）为

$$P = \begin{pmatrix} 0.2 & 0.5 & 0.3 \\ 0.2 & 0.7 & 0.1 \\ 0.3 & 0.3 & 0.4 \end{pmatrix}$$

则顾客在第二次购买品牌 A，B，C 的概率分别是

$$P_{11} = 0.2, \qquad P_{12} = 0.5, \qquad P_{13} = 0.3$$

而在第二次购买的品牌分别为 A，B，C 时，第三次购买 B 品牌汽车的概率分别是

$$P_{12} = 0.5, \qquad P_{22} = 0.7, \qquad P_{32} = 0.3$$

故得到下面的结果：

$$P_{12}^{(2)} = P_{11}P_{12} + P_{12}P_{22} + P_{13}P_{32} = 0.54$$

一般地，Markov 链的二步转移概率阵 $P^{(2)}$ 中任一元素 $p_{ij}^{(2)}$ 可应用以下公式来计算：

$$P_{ij}^{(2)} = P_i \cdot P_j$$

由上式，可求出此例中的二步转移矩阵为

$$P^{(2)} = P^{(1)} \cdot P^{(1)} = \begin{pmatrix} 0.2 & 0.5 & 0.3 \\ 0.2 & 0.7 & 0.1 \\ 0.3 & 0.3 & 0.4 \end{pmatrix} \cdot \begin{pmatrix} 0.2 & 0.5 & 0.3 \\ 0.2 & 0.7 & 0.1 \\ 0.3 & 0.3 & 0.4 \end{pmatrix} = \begin{pmatrix} 0.23 & 0.54 & 0.23 \\ 0.21 & 0.62 & 0.17 \\ 0.24 & 0.48 & 0.28 \end{pmatrix}$$

不难知道，P 矩阵是一个标准概率矩阵，由稳态时 $TP = T$ 得

$$\begin{cases} 0.2t_1 + 0.2t_2 + 0.3t_3 = t_1 \\ 0.5t_1 + 0.7t_2 + 0.3t_3 = t_2 \\ t_1 + t_2 + t_3 = 1 \end{cases}$$

解上述方程组，得到 $T = (0.22, 0.57, 0.21)$，这就是稳定概率行向量。以上讨论可以推广到 k 步转移概率及 k 步转移矩阵的情形，即

$$P_{ij}^{(k)} = \sum_{i=1}^{n} P_{il}^{(k-1)} P_{lj}, \qquad P^{(k)} = P^{(k-1)} P^{(1)} = P^k$$

例3 某汽车出租公司在甲（旅店）、乙（机场）、丙（车站）、丁（码头）四个地点附近设有停车场。顾客可在甲、乙、丙、丁四处租车，送完旅客后，可以回到甲、乙、丙、丁四处中的任何一地。以往的资料表明，出租车在

这四处往返的关系概率如表6-5所示。

表6-5　出租车往返概率表

	返回地（甲）	返回地（乙）	返回地（丙）	返回地（丁）
租车地（甲）	0.6	0.2	0.1	0.1
租车地（乙）	0.2	0	0.5	0.3
租车地（丙）	0.3	0.4	0	0.3
租车地（丁）	0.4	0.3	0.3	0

　　现出租汽车公司想在甲、乙、丙、丁四地中选择一处增设汽车保养场，问该汽车保养场应建于何处为好？

　　解：本题实际上是问：当出租车长期运行后，上述四处中何地可能集结最多车辆，即稳态问题。

　　令 z_1、z_2、z_3、z_4 分别表示集中在甲、乙、丙、丁四处的汽车份额，则出租车辆运行稳态时应有

$$(z_1, z_2, z_3, z_4) \begin{pmatrix} 0.6 & 0.2 & 0.1 & 0.1 \\ 0.2 & 0 & 0.5 & 0.3 \\ 0.3 & 0.4 & 0 & 0.3 \\ 0.4 & 0.3 & 0.3 & 0 \end{pmatrix} = (z_1, z_2, z_3, z_4)$$

于是，可导出方程组

$$\begin{cases} -0.4z_1 + 0.2z_2 + 0.3z_3 + 0.4z_4 = 0 \\ 0.2z_1 - z_2 + 0.4z_3 + 0.3z_4 = 0 \\ 0.1z_1 + 0.5z_2 - z_3 + 0.3z_4 = 0 \\ 0.1z_1 + 0.3z_2 + 0.3z_3 - 0.4z_4 = 0 \end{cases}$$

　　由 $z_1 + z_2 + z_3 + z_4 = 1$

　　解得：$(z_1, z_2, z_3, z_4) = (0.42, 0.21, 0.2, 0.17)$。

　　这表明，出租车长期运行后，将有42%的汽车集中在甲地。因此，汽车保养场应设在甲地。

　　我们还可以对例1做进一步的分析。

例4　承例 1。假设古典可乐对这一市场份额不太满意，计划进行一系列的促销策略，以吸引顾客对古典可乐的购买力，假设古典可乐相信这一促销策略能够使原来的 P 矩阵 $\begin{bmatrix} 0.9 & 0.1 \\ 0.2 & 0.8 \end{bmatrix}$ 变化成 $\begin{bmatrix} 0.86 & 0.14 \\ 0.2 & 0.8 \end{bmatrix}$，即通过广告，使本来购买流行可乐转换成古典可乐的人的概率增加到 0.14，我们仿照前述求解。

在稳态中，我们得到 $T_1(n+1) = T_1(n) = T_1$，$T_2(n+1) = T_2(n) = T_2$，代入 $[T_1(n+1), T_2(n+1)] = [T_1(n), T_2(n)] P = [T_1(n), T_2(n)] \begin{bmatrix} 0.86 & 0.14 \\ 0.2 & 0.8 \end{bmatrix}$，得

$$[T_1 \quad T_2] = [T_1 \quad T_2] \begin{bmatrix} 0.86 & 0.14 \\ 0.2 & 0.8 \end{bmatrix}$$

按矩阵乘法运算，即 $T_1 = 0.86\, T_1 + 0.2\, T_2$
$$T_2 = 0.14\, T_1 + 0.8\, T_2$$

同时，$T_1 + T_2 = 1$

联立解方程，得：$\begin{cases} T_1 = 0.588 \\ T_2 = 0.412 \end{cases}$

即从长期看，由于促销策略改变了 P 矩阵，有 0.588 概率的顾客会买流行可乐，有 0.412 概率的顾客会买古典可乐。古典可乐的市场份额从 0.333 增加到了 0.412。

例5　承例 1。如果促销策略不仅将顾客从购买流行可乐吸引过来，还减少了古典可乐自身的顾客流失，如 P 矩阵变为 $\begin{bmatrix} 0.86 & 0.14 \\ 0.15 & 0.85 \end{bmatrix}$，即对古典可乐来说，本来有 0.8 的忠诚顾客，现通过促销，忠诚顾客变成了 0.85，我们再做一次计算。

当 n 足够大时，我们有

$$[T_1 \quad T_2] = [T_1 \quad T_2] \begin{bmatrix} 0.86 & 0.14 \\ 0.15 & 0.85 \end{bmatrix}$$

按矩阵乘法运算，即 $T_1 = 0.86\, T_1 + 0.15\, T_2$
$$T_2 = 0.14\, T_1 + 0.85\, T_2$$

同时，$T_1 + T_2 = 1$

联立解方程，得：$\begin{cases} T_1 = 0.517 \\ T_2 = 0.483 \end{cases}$

即从长期看，有 0.517 概率的顾客会买流行可乐，有 0.483 概率的顾客会买古典可乐。古典可乐的市场份额从 0.333 增加到 0.483。

这个例子说明对一个公司的市场占有率作马尔可夫分析，在决策过程中非常有用。如进行促销，增加自己原有顾客的忠诚度或者试图将顾客从其他公司那里吸引过来，就是改变了 P 矩阵，只要我们知道了变化的数量，就可以计算出新的稳态概率，从而再进一步得到市场占有率对利润产生的影响。

6.4 稳态概率在决策中的运用

例 6 承例 1。假设有 10 000 万位饮料顾客，每位顾客每周购买一次饮料（1 年以 52 周计），每单位饮料的成本价是 1 元，销售价是 2 元。一家广告公司对古典可乐公司说，做广告能使原来的转移概率矩阵 P 由 $\begin{bmatrix} 0.9 & 0.1 \\ 0.2 & 0.8 \end{bmatrix}$ 变成 $\begin{bmatrix} 0.86 & 0.14 \\ 0.2 & 0.8 \end{bmatrix}$（例 3），即前一周购买流行可乐的顾客，第二周继续购买流行可乐的概率由 90% 降低到 86%，其余的 4% 转而去买古典可乐。广告费为每年 20 000 万元，问：古典可乐公司是否应该做这个广告？

解：根据前述分析，现在有三分之一，即约为 33.3% 的人购买古典可乐，每次购买会使公司获利 1 元，一年共有 520 000 万次饮料购买，故古典可乐公司现在的年利润是：

$$520\ 000 \times 1/3 = 173\ 333\ （万元）$$

转移矩阵 P 变为 $P_1 = \begin{bmatrix} 0.86 & 0.14 \\ 0.2 & 0.8 \end{bmatrix}$

如上，对于 P_1，稳态方程变为：

$$\begin{bmatrix} T_1 & T_2 \end{bmatrix} = \begin{bmatrix} T_1 & T_2 \end{bmatrix} \begin{bmatrix} 0.86 & 0.14 \\ 0.2 & 0.8 \end{bmatrix}$$

按矩阵乘法运算，即 $T_1 = 0.86\,T_1 + 0.2\,T_2$

$$T_2 = 0.14\,T_1 + 0.8\,T_2$$

同时，$T_1 + T_2 = 1$

联立解方程，得：$\begin{cases} T_1 = 0.588 \\ T_2 = 0.412 \end{cases}$

即有 41.2% 的顾客会购买古典可乐。

此时，古典可乐公司的年利润是 520 000 × 0.412 − 20 000 = 194 240（万元）。

故古典可乐公司应该做此广告。我们还可以算出广告费用大于多少时就不合适做此广告了，以更好地作出决策。

6.5　软件求解稳态概率

上述稳态过程也可通过我们所给的 QM 软件实现。我们选择初始案例，打开 QM，在"Module"菜单中选择"Markov Analysis"，如图 6-2 所示。

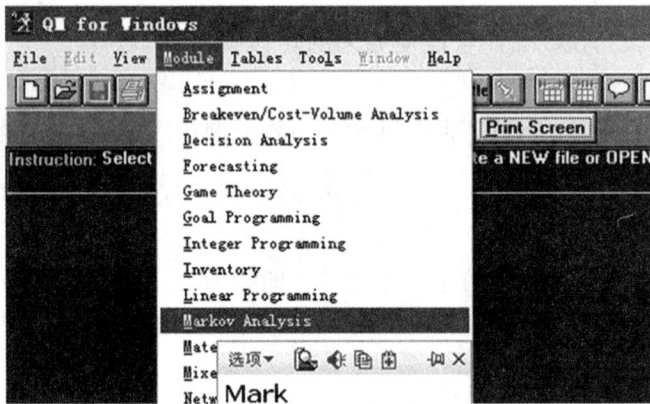

图 6-2　选择 Markov Analysis

按回车，进入"File"菜单选择"New"命令，如图6－3所示。

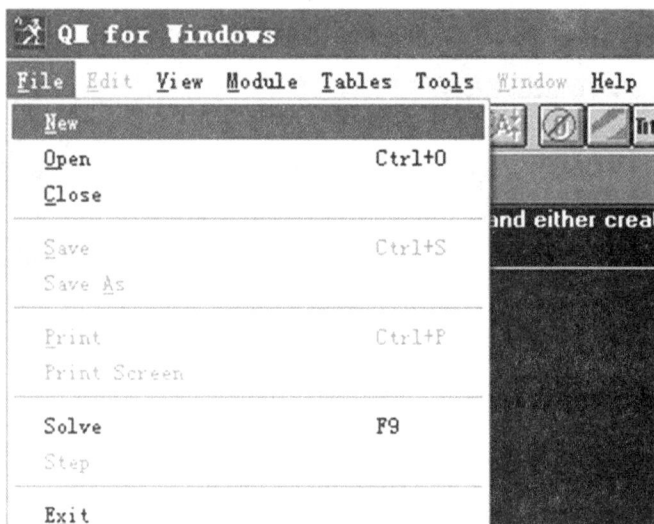

图6－3　选择 New

得到如图6－4所示的界面。

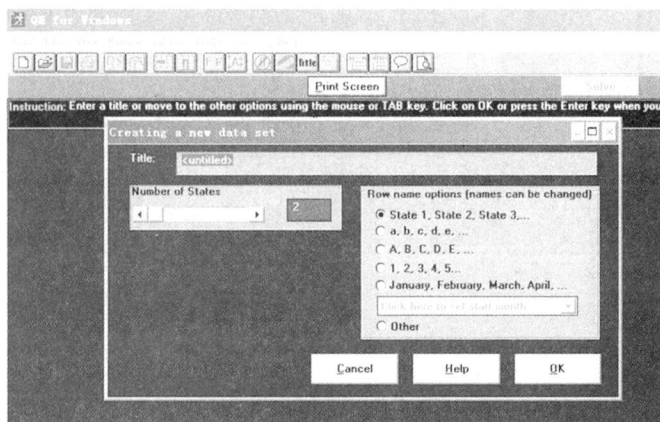

图6－4　选择 New 后的界面

在"Number of States"选择"2",得到如图6-5所示的界面。

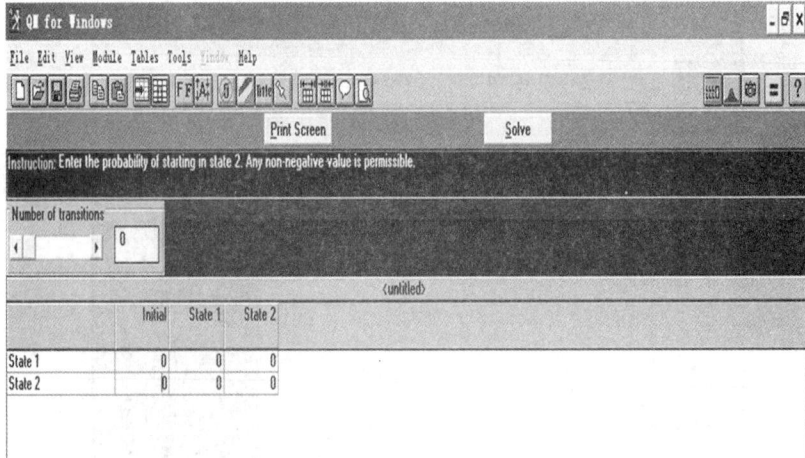

图6-5 选择2后的界面

填入 P 矩阵及初始状态(例1数据),如图6-6所示。

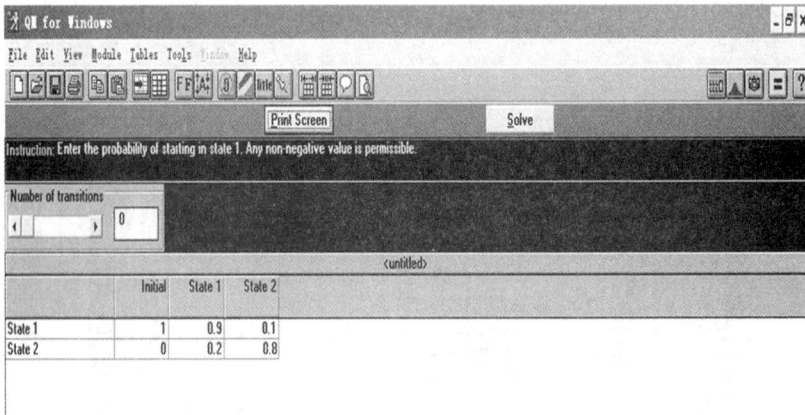

图6-6 输入数据

按"Solve",求解得到如图6-7所示的结果。

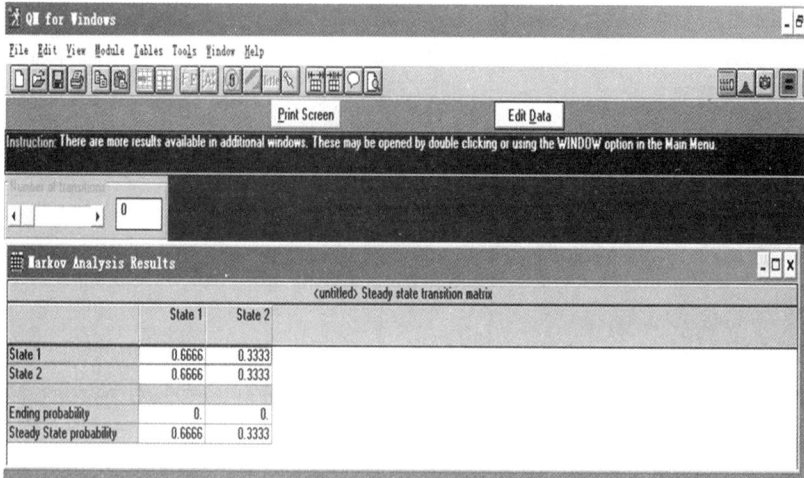

图6-7 计算结果1

再验证一下最后一个 P 矩阵(例5数据)。输入如图6-8所示。

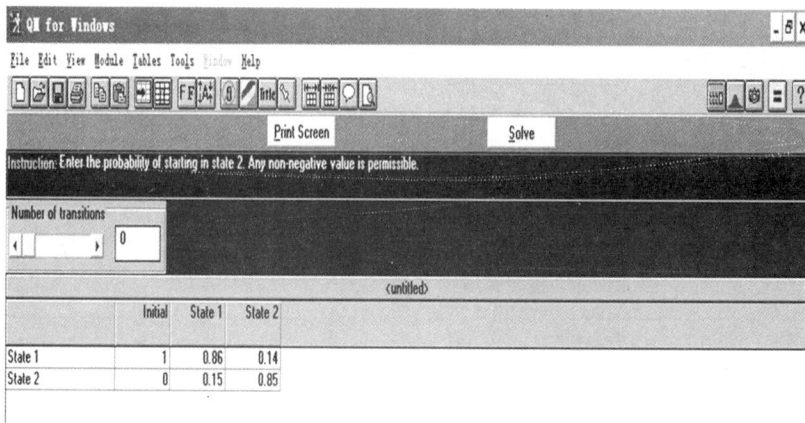

图6-8 输入另一组数据

按"Solve"，求解得到如图 6-9 所示的结果。

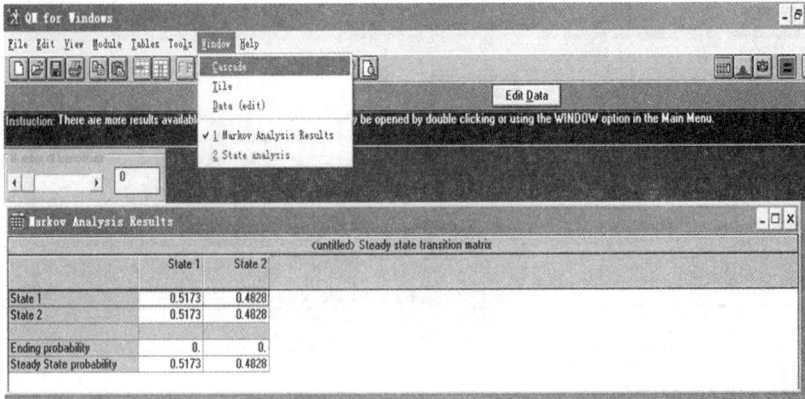

图 6-9　计算结果 2

与前面的计算完全一样。

也可以变换一下初始值，变成（0　1），即事件 0 是购买古典可乐，来验证一下对最终的稳态结果没有影响，如图 6-10 所示。

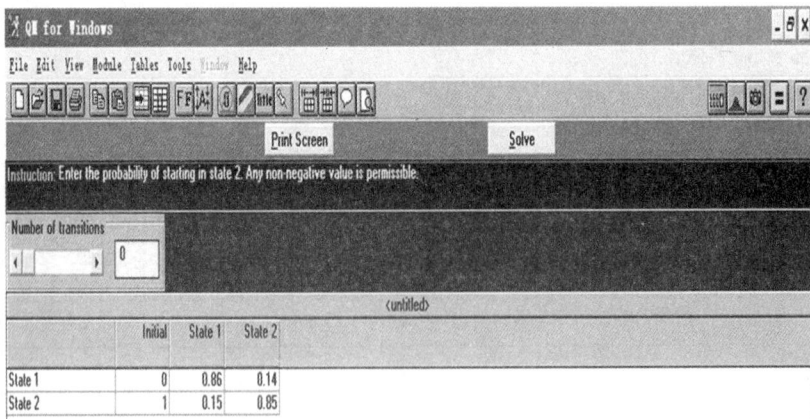

图 6-10　设置初始值

得到结果如图 6 – 11 所示。

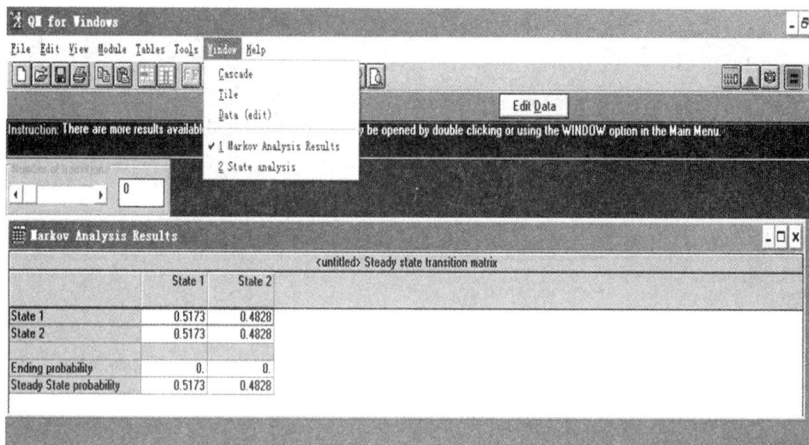

图 6 – 11　计算结果 3

我们看到：结果与初始值无关，只与 P 矩阵有关。

利用软件，对于不同的 P 矩阵，我们都可以很方便地求得一个马尔可夫过程的稳态值。

下面我们把可乐案例推广到更一般的情况。

例 7　假设例 1 中不是两种状态，而是四种状态，第 0 周（事件 0），有购买流行可乐的（状态 1），有购买古典可乐的（状态 2），有两种都不买的（状态 3），有购买其他品牌的（状态 4）。假设转移概率矩阵为

$$P = \begin{bmatrix} p_{11} & p_{12} & p_{13} & p_{14} \\ p_{21} & p_{22} & p_{23} & p_{24} \\ p_{31} & p_{32} & p_{33} & p_{34} \\ p_{41} & p_{42} & p_{43} & p_{44} \end{bmatrix} = \begin{bmatrix} 0.45 & 0.3 & 0.15 & 0.1 \\ 0.1 & 0.5 & 0.2 & 0.2 \\ 0.1 & 0.2 & 0.6 & 0.1 \\ 0.2 & 0.3 & 0.1 & 0.4 \end{bmatrix}$$

假设事件 0（即初始概率）为分别是 0. 45，0. 3，0. 2，0. 05；

打开 QM，"Module"里选择"Markov Analysis"，进入"File"里选择"New"模型，在"Number of States"选择"4"，得到如图 6 – 12 所示的界面。

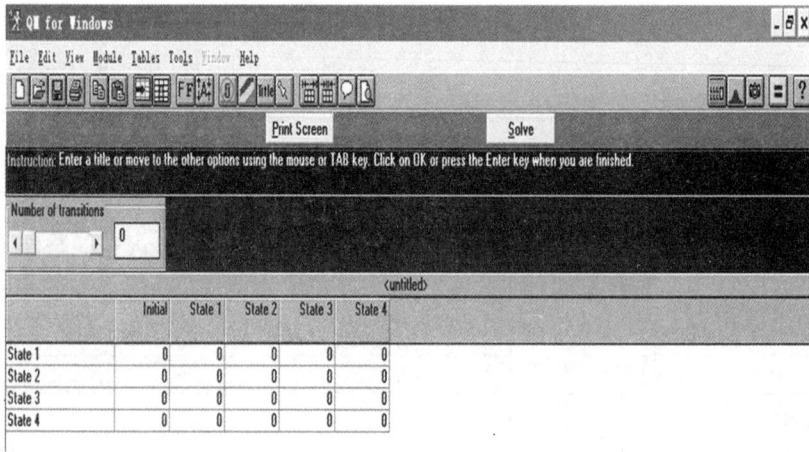

图 6 – 12 选择 4 后的界面

输入数据，如图 6 – 13 所示。

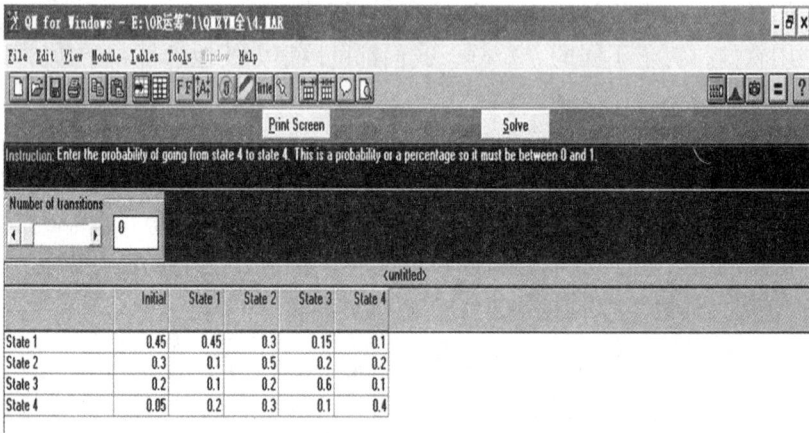

图 6 – 13 输入新的数据

按"Solve",求解得到如图 6 - 14 所示的结果。

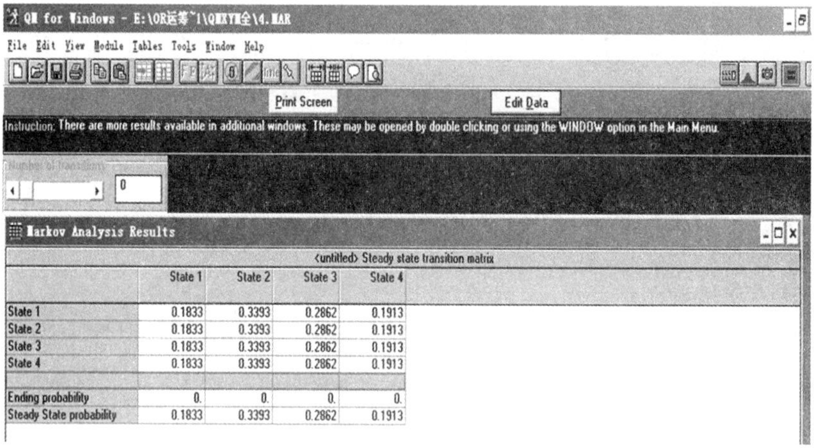

图 6 - 14   计算结果 4

这表示最后趋于稳定的结果是:0.183 3 的人买流行可乐,0.339 3 的人买古典可乐,0.286 2 的人什么可乐都不买,0.191 3 的人买其他品牌的可乐。

6.6   吸收状态的特例

例 8   假设例 7 的 P 矩阵是如下形式:

$$P = \begin{bmatrix} p_{11} & p_{12} & p_{13} & p_{14} \\ p_{21} & p_{22} & p_{23} & p_{24} \\ p_{31} & p_{32} & p_{33} & p_{34} \\ p_{41} & p_{42} & p_{43} & p_{44} \end{bmatrix} = \begin{bmatrix} 0.45 & 0.3 & 0.15 & 0.1 \\ 0.1 & 0.5 & 0.2 & 0.2 \\ 0.1 & 0.2 & 0.6 & 0.1 \\ 0 & 0 & 0 & 1 \end{bmatrix}$$

请注意,最后一行 $p_{44} = 1$,说明系统一旦进入状态 T_4(买其他品牌的可乐),就不再转移出去,称 T_4 为吸收状态。我们可以估计出结果,最终全部人都会买其他品牌的可乐,并且会这样一直保持下去。输入模型后,也可得到相应结果,如图 6 - 15 所示:

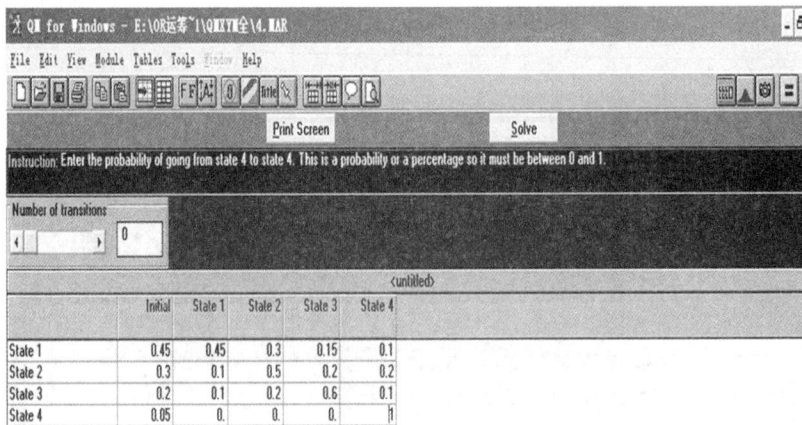

图 6 – 15　更换新的数据

计算结果如图 6 – 16 所示。

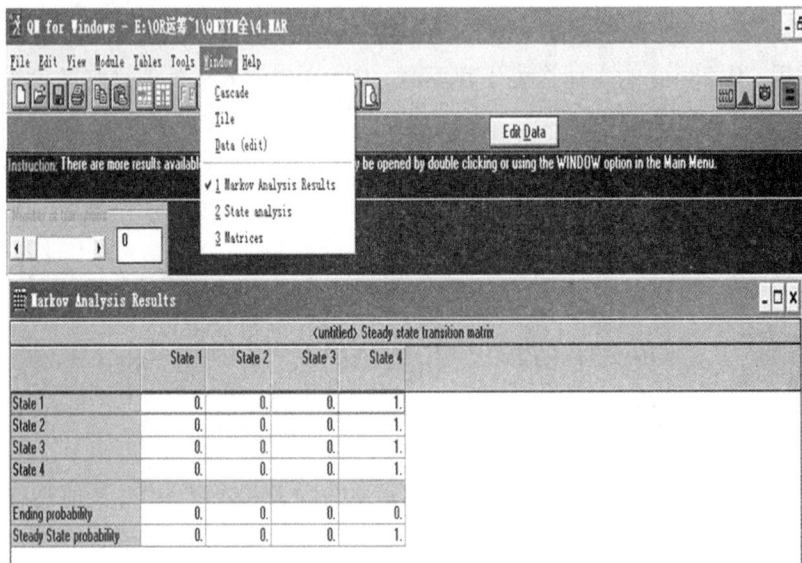

图 6 – 16　计算结果 5

为此我们再给出一个例子。

例9 考察微量元素磷在自然界中的转移情况。假设磷只分布于 s_1（土壤），s_2（草、羊、牛等生物体）和 s_3（上述系统之外，如河流等），每个月观察一次，情况变化如下：土壤中的磷有 25% 转移到生物体，15% 排到系统外，60% 仍在土壤中；生物体中的磷 35% 回到土壤中，45% 排出体外，遗留下 20%；s_3 中的磷仍然在 s_3 内，不会转移到土壤和生物体。若初始 s_1、s_2、s_3 中的磷的比例为 $0.45：0.35：0.2$，问经过若干个月后，磷在三种状态中的分布比例是多少？

解：初始概率向量 $X(0)=(0.45,0.35,0.2)$，转移矩阵 $\begin{pmatrix} 0.6 & 0.25 & 0.15 \\ 0.35 & 0.2 & 0.45 \\ 0 & 0 & 1 \end{pmatrix}$

我们给出一个定义，如果 $p_{ii}=1$，则称状态 i 为吸收状态。$p_{33}=1$，即系统一旦进入状态 s_3，就不再转移出去，称 s_3 为吸收状态。

定义 若马尔可夫链中存在吸收状态 s_i，即 $p_{ii}=1$，且从每一个非吸收状态出发能以正的概率经有限次转移达到某一吸收状态，则称马尔可夫链为吸收链。

有兴趣的读者还可通过矩阵计算，得出状态 s_1 和 s_2 各经过几次转移被状态 s_3 吸收。具体可参考居余马等编著的《线性代数》（清华大学出版社，2002年），这里不再计算。

输入模型如图 6-17 所示：

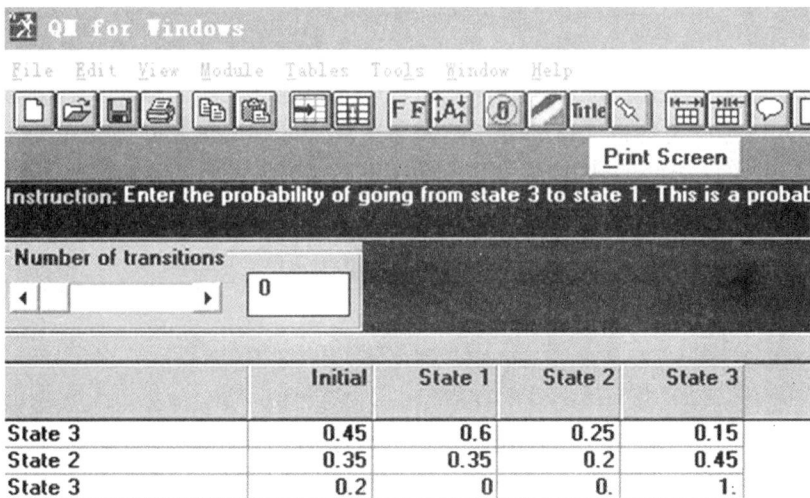

	Initial	State 1	State 2	State 3
State 3	0.45	0.6	0.25	0.15
State 2	0.35	0.35	0.2	0.45
State 3	0.2	0	0.	1.

图 6-17　输入模型

按"Solve"，求解得到如图 6 – 18 所示的结果。

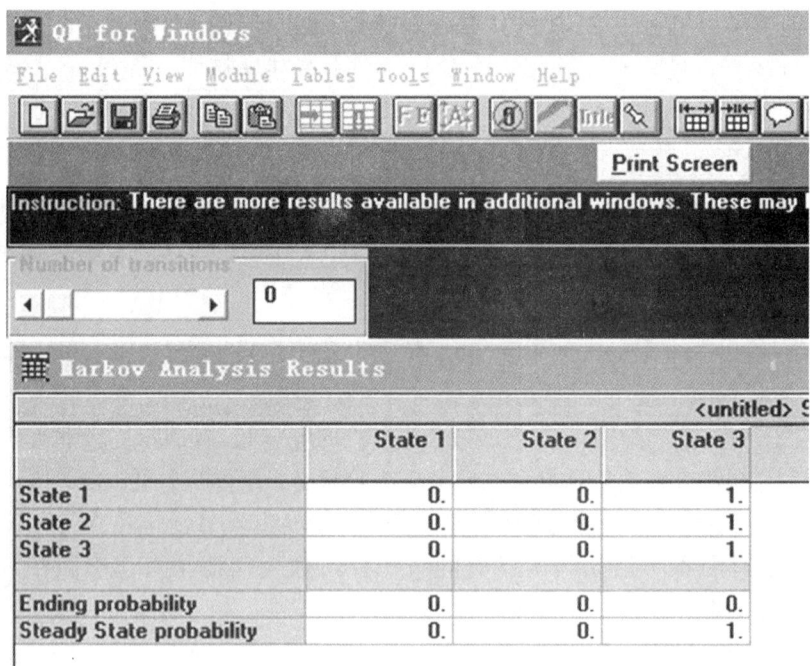

图 6 – 18　　计算结果 6

　　马尔可夫分析还可应用在其他方面，如人口迁徙模型。假设在一个大城市中的总人口是固定的，人口的分布则因居民在市区和郊区之间迁徙而变化。每年有 3% 的市区居民搬到郊区去住，而有 8% 的郊区居民搬到市区。假设开始时有 30% 的居民住在市区、70% 的居民住在郊区，5 年后市区和郊区的居民人口比例是多少？100 年后又如何？

本章小结

　　本章中我们给出了马尔可夫过程模型以及一些应用。马尔可夫模型的一个重要结论是：假设转移矩阵是常数矩阵的条件下，不论从怎样的初始状态出发，马尔可夫过程会逐渐达到稳定状态。转移矩阵 P 体现了变化的规律。

　　基于马尔可夫过程，引入了吸收状态的概念，一旦我们进入某一吸收状态，就不再转移出来。

马尔可夫过程模型分析的主要目的不是为了优化系统的某个方面，而在于预测或描述系统的未来及稳态的行为。

练习题

1. 某个城市，55%的雨天之后是雨天，92%的非雨天过后是非雨天，利用这些信息写出此城市天气情况的转移概率矩阵。

2. 某商店销售某商品有"好销"和"不好销"两种状态，每月观测一次，已知本月好销而下月不好销的概率 $p_{12}=0.3$，本月不好销而下月好销的概率 $p_{21}=0.2$，若初始状态为好销。

(1) 画出上次"好销"的顾客的两期间的树状图，第 2 月"好销"概率是多少？

(2) 从长期看，"好销"和"不好销"的概率是多少？

(3) 为了帮助销售，商店进行一项长期的广告营销活动。经过数据预测，认为该营销活动可以将"不好销"转移到"好销"的概率增加到 0.25，试预测该营销活动对"好销"状态的影响。

3. 从中国主要大都市收集的资料表明，在某一时段，人口的分布因居民在市区和郊区之间迁徙而变化。每年有 3% 的市区居民搬到郊区去住，而有 6% 的郊区居民搬到市区。假设开始有 30% 的居民住在市区、70% 的居民住在郊区。假设这一过程为马尔可夫过程模型，其两个状态分别是市区和郊区。

(1) 写出转移概率矩阵。

(2) 计算稳态概率。

(3) 预测这一地区 10 年内的人口变化。

4. 某电话服务公司调查员工的服务状态，得到如下表的数据。

某电话服务公司员工的服务状态

从	到	
	到顾客满意的服务	到顾客不满意的服务
从顾客满意的服务	0.95	0.05
从顾客不满意的服务	0.7	0.3

问：顾客满意的服务和顾客不满意的服务的稳态概率是多少？

5. 市场上红酒、啤酒、白酒这三类酒目前的市场占有率为（0.3, 0.5, 0.2）。为了预测未来的市场占有率，做了一定的抽样调查，原来喝红酒的人

80%仍然喝红酒，5%的人改喝啤酒，15%的人改喝白酒；原来喝啤酒的人70%仍然喝啤酒，10%的人改喝红酒，20%的人改喝白酒；原来喝白酒的人60%仍然喝白酒，30%的人改喝红酒，10%的人改喝啤酒。

（1）写出转移概率矩阵。

（2）从长期看，各种酒的市场份额是多少？

6. 某大学学生升级情况的数据总结在下面的转移概率矩阵里：

	毕业	退学	大一学生	大二学生	大三学生	大四学生
毕业	1.00	0	0	0	0	0
退学	0	1.00	0	0	0	0
大一学生	0	0.20	0.15	0.65	0	0
大二学生	0	0.15	0	0.10	0.75	0
大三学生	0	0.10	0	0	0.05	0.85
大四学生	0.90	0.05	0	0	0	0.05

（1）哪些状态是吸收状态？

（2）解释大二学生的转移概率。

（3）用软件计算一名大二学生毕业和退学的概率。

（4）在对600名大一新生的开幕词中，校长让学生们环顾礼堂四周，说今天在座新生中有大约50%最终无法毕业，你是否支持院长的说法？请用马尔可夫分析进行解释。

（5）目前该大学有600名大一新生、520名大二学生、460名大三学生和420名大四学生。这2 000名在校大学生中有百分之多少最后能够毕业？

参考答案

第1章

1. 略。

2. 提示：参看本章例9的解法。

3. $f(x) = x^3$ 为（ $-\infty$，$+\infty$ ）上的拟凸函数。

4. 提示：参看本章例10的解法。

5. 此问题共有六个局部极小点，其中全局极小点有两个：$X^{*1} = $ （0.089 8，$-0.712 6$），$X^{*2} = $ （$-0.089 8$，0.712 6），目标函数最优值 $f^* = -1.031 6$。

6. 建立非线性规划模型可求得两曲线之间的最短距离为 $d = 0.753 228$。

7. 将库存的500t原材料A和1 000t原材料B，以及再购买的1 500t原材料A，全部用于生产食品B，可以获得最大利润7 50万元。

8. 提示：使用允许缺货情况下的费用函数。

第2章

1. 提示：先将定性数据和定量数据转换成可以比较的无量纲数据，然后为评价指标设定相应的权重后计算各自的综合得分。

2. 提示：增加哑元后，再采用指派问题的匈牙利算法求解。

第3章

1. （1）设A、B两种产品的生产量分别为 x_1，x_2 吨，则数学模型为：

$$\begin{cases} V-\min~(4x_1+x_2,~2x_1+5x_2) \\ \text{s. t. } x_1+x_2 \geqslant 7 \\ x_1 \leqslant 5 \\ x_2 \leqslant 6 \\ x_1,~x_2 \geqslant 0 \end{cases}$$

（2）$x^* = $ （1，6）^{T}

2. 设A、B两种型号的摩托车每周正常生产数量分别为 x_1，x_2，加班生

产数量分别为 y_1，y_2，则数学模型为：

$$\begin{cases} V-\min \ [\ -(100x_1+80x_2+90y_1+70y_2)，3y_1+2y_2] \\ \text{s. t} \quad 3x_1+2x_2 \leqslant 120 \\ 3y_1+2y_2 \leqslant 48 \\ x_1+y_1 \geqslant 30 \\ x_2+y_2 \geqslant 30 \\ x_1，x_2 \leqslant 0，y_1，y_2 \leqslant 0，且 x_1，x_2，y_1，y_2 \in \{0，1，2\cdots\} \end{cases}$$

3. 求解结果如下：

$R_1^* = \{x^* \mid x^* = 1\}$ R_2^*，R_{pa}^*

$R_z^* = \{x^* \mid 3 \leqslant x^* \leqslant 4\}$

$R^* = \Phi$

$R_{pa}^* = \{x \mid 1 \leqslant x \leqslant 3\}$

$R_{up}^* = \{x \mid 1 \leqslant x \leqslant 4\}$

4. 略。

5. 略。

6. $x^* = (\dfrac{3}{2}，\dfrac{15}{16})^T$

7. 略。

8. 略。

9. 略。

第4章

1. 齐王和田忌都以 1/6 的相同概率随机选择各自的 6 个纯策略，构成本博弈的唯一混合策略纳什均衡。

2. 略。

3. （M，L）

4. （R1，C3），（R1，C1）

5. 该博弈的纳什均衡是所有企业都生产产量 $\dfrac{a-c}{n+1}$。

6. 略。

7. 略。

8. 略。

第 5 章

1. 其中一种仿真结果，A：均值 18 632.15 ，方差 2 819.6；B：均值 16 569.45 ，方差 2 268.2；C：均值 26 305 ，方差 3 626。

2. 其中的一种仿真结果为：59 天，58.7%

3. 其中的一种仿真结果为：平均到达为 1.58 车，推迟卸货车数为 0.9 车。

4. 请参考 (s, S) 库存模型。

第 6 章

1. $P = \begin{bmatrix} 0.55 & 0.45 \\ 0.08 & 0.92 \end{bmatrix}$

2. 0.53, 0.4, 0, 6, 0.454 5

3. 0.666 7, 0.333 3

4. 0.933 3, 0.066 7

5. 0.526 4, 0.184 2, 0.289 5

6. 0.15, 0.1, 0.75；0.706, 0.294；是, 0.54（毕业）, 0.46（退学）；1 479 人（74%）

参考文献

1. 薛声家，左小德. 管理运筹学（第三版）. 广州：暨南大学出版社，2007
2. M. S. Bazaraa, H. D. Sherali, C. M. Shetty. *Nonlinear Programming：Theory and Algorithms*. 3rd Edition . New York：John Wiley & Sons, 2006
3. 阳明盛，罗长童. 最优化原理、方法及求解软件. 北京：科学出版社，2007
4. 韩中庚. 实用运筹学——模型、方法与计算. 北京：清华大学出版社，2007
5. 袁新生，邵大宏，郁时炼. LINGO 和 Excel 在数学建模中的应用. 北京：科学出版社，2007
6. 黄红选，韩继业. 数学规划. 北京：清华大学出版社，2006
7. 吴育华，杜纲. 管理科学基础（修订版）. 天津：天津大学出版社，2004
8. J. H. Moore, L. R. Weatherford. *Decision Modeling with Microsoft Excel*. 6th Edition. New Jersey：Prentice Hall, 2002
9. 张全. 复杂多属性决策的研究. 沈阳：东北大学出版社，2008
10. 徐玖平，李军. 多目标决策的理论与方法. 清华大学出版社，2005
11. ［美］詹姆斯·R. 埃文斯，戴维·L. 奥尔森. 数据、模型与决策（第二版）. 杜本译. 中国人民大学出版社，2006
12. 左小德，姚蓉静，梁云. 优化方法在销售策略中的应用. 暨南大学学报，2000，21（3）：29 ~ 32
13. 左小德，薛声家，邬杰忠. 开发区招商项目优劣的综合评价. 暨南大学学报，2000，21（5）：20 ~ 25
14. 梁云，左小德，熊勇. 供应链营销渠道体系的研究. 数学的实践与认识，2008，39（3）：12 ~ 17
15. 焦秀稳，左小德. 驳船改造方案的经济性比较及风险分析. 船舶工程，1995（4）：30 ~ 32
16. 左小德，薛声家，梁云. 网络计划的最低成本日程研究. 计算数学与应用数学学报，1998，12（2）：32 ~ 39
17. 谢识予. 经济博弈论. 上海：复旦大学出版社，2006

18. 肖条军. 博弈论及其应用. 上海：三联书店，上海人民出版社，2004
19. 张维迎. 博弈论与信息经济学. 上海：三联书店，上海人民出版社，1996
20. ［法］泰勒尔. 产业组织理论. 马捷等译. 北京：中国人民大学出版社，1997
21. ［美］吉本斯. 博弈论基础. 高峰译. 北京：中国社会科学出版社，1999
22. 朱道立，徐庆，叶耀华. 运筹学. 北京：高等教育出版社，2006
23. 徐玖平，胡知能. 运筹学（第三版）. 北京：科学出版社，2007
24. ［美］戴维·R. 安德森等. 数据、模型与决策：管理科学篇（原书第11版）. 侯文华等译. 北京：机械工业出版社，2006
25. 居余马. 线性代数（第二版）. 北京：清华大学出版社，2002
26. 沈林兴. 运筹学基础自学考试指导（修订版）. 北京：清华大学出版社，2004
27. 熊伟. 运筹学. 北京：机械工业出版社，2005
28. 牛映武. 运筹学. 西安：西安交通大学出版社，1993
29. 马进，任科社. 运筹学. 北京：人民交通出版社，2004
30. 孙麟平. 运筹学. 北京：科学出版社，2005